Festschrift Wilhelm Faix

Tobias Faix (Hg.)

© ToFa-Verlag 2000

St. Georgen

Umschlaggestaltung: ToFa Desgin

Herstellung: Libri on Demand

ISBN: 3-8311-0558-8

Inhaltsverzeichnis

Einleitende Worte

Tobias Faix

Lieber Papa,
es gibt im Leben immer wieder Situationen und Gelegenheiten um einem anderen Menschen etwas ganz Besonderes zu sagen. Jetzt ist so eine Gelegenheit, du wirst 60 Jahre alt und ich will dir sagen, was du für mich bedeutest und Danke sagen für alles, was du bisher für mich getan hast.

Du bist für mich:
- ein guter Vater, der immer hinter mir stand und steht
- ein guter Ratgeber, der sich immer Zeit nimmt und sich nie mit «billigen» Antworten zufrieden gibt
- ein gutes Vorbild, in dem, was du mir vorlebst und was du für mich bist
- ein geistlicher Vater, der mir immer wieder zeigt, was Christsein bedeutet
- ein Förderer, der mich kennt und mir Hilfe und Ratschläge gibt, die mich wirklich voranbringen
- ein Gegenüber, das mich immer ernst nimmt und sich meiner Meinung stellt
- ein gutes Modell, wenn ich bald Vater werde

Danke, dass...
- dir unsere Beziehung immer wichtiger war als traditionelle Werte oder Moral
- du Vertrauen immer vorgeschossen hast, so dass ich lernen konnte, wie wichtig Vertrauen für mein Leben ist

- du mir die Freiheit gegeben hast, eine eigenständige Persönlichkeit zu werden
- du meine Meinung immer respektiert hast, auch wenn du anderer Meinung warst (und bist)
- gerade in schwierigen Zeiten zu mir gestanden bist
- du immer versuchst, mich in meinem Glauben zu fördern und herauszufordern
- du immer zu deinen Überzeugungen gestanden bist, auch wenn du dafür Nachteile in Kauf nehmen musstest
- dir Personen immer wichtiger als Programme sind
- ich immer zu dir kommen kann, egal, um was es geht
- du mir deine (heiligen) Bücher immer zur Verfügung stellst
- du die Größe hattest, dich bei mir zu entschuldigen, wenn du Fehler gemacht hast
- du Mama wirklich liebst und dass du das auch zeigen kannst
- du mich liebst und ich das nicht nur weiß, sondern mein ganzes Leben lang praktisch spüren konnte

Ich habe lange überlegt, wie ich diesen Dank auch in einer materiellen Form ausdrücken könnte, doch alle Überlegungen waren zu klein und unwürdig, für das was ich empfinde und ausdrücken möchte. Da es etwas mit Büchern zu tun haben musste, kam mir dann endlich die Idee, ein Buch zu deinen Ehren herauszubringen. Da ich weiß, dass ich nicht der einige dankbare Mensch bin, habe ich viele andere Menschen, denen du in den letzten 60 Jahren auf die unterschiedlichste Weise begegnet bist, gefragt, ob sie einen Beitrag für dieses Buch, einen Beitrag für dich beisteuern wollen. Viele haben sofort zugesagt, dafür möchte ich mich ganz herzlich bedanken. Diese vielen verschiedenen Beiträge machen dieses Buch erst richtig wertvoll und geben einen hervorragenden

Einblick in dein Leben, in deine Entwicklung und auch in deine Persönlichkeit. Natürlich, und das soll nicht verschwiegen werden, kommen vor allem Menschen zu Wort, die dich schätzen und lieben und die du (vielleicht auch sie dich) mitgeprägt hast. Einen besonderen Dank gilt den Menschen, die einen theologischen oder pädagogischen wissenschaftlichen und bisher unveröffentlichen Beitrag zu deinen Ehren geschrieben haben. Ich weiß, dass einige sich sehr viel Mühe gemacht und sehr viel Zeit und Kraft dafür geopfert haben. Zeit, die man L – I – E – B – E buchstabieren kann. Ein großes Dankeschön geht auch an Sr. Ute, die das Manuskript korrigiert hat. Allen, die zum Gelingen dieses Buches beigetragen haben, sei herzlichst gedankt.

Tobias Faix

Rebekka Faix

Erinnerungen von damals bis jetzt

für Papa

1
Keine Erinnerung
an schwarzes Haar.
Schon immer grau.
Damals noch mit Bart-
auch grau-zumindest überwiegend.
Bart weg-
wir hinter der Heizung.
Veränderung unerwünscht-

8

beim Küssen keine roten Flecken mehr und
überhaupt
nur noch leichtes Kratzen.

2
Erinnerung an Bücher
Überall und immer eine Tasche voll dabei.
Überall Gelegenheiten zum Lesen-
im Auto wartend,
am Straßenrand sitzend...
jedes Buch gezeichnet-bezeichnet
leuchtend in rot, grün, gelb und blau.

3
Erinnerung Arbeitszimmer.
Treppe runter-
Fensterblick-
Paparücken am Schreibtisch.
Drinnen Papa pur-
eingehüllt voll Ruhe, Wärme
und Papa-Luft- überall.
Meine Zuflucht zwischen Heizung und Schreibtisch.
Bodengekauer-unsichtbar.

4
Erinnerung an ...
...Morgende
Rolladen hoch-
Fußgekitzel.
Kaffee fertig, Tisch gedeckt-
zeitungsbedecktes Gesicht,
nervendes Tönen des Pressespiegels
und

„wenigstens was Trinken".

betend im Arbeitszimmer

Liegestütze im Bad-
mit und ohne Last auf dem Rücken

im Bad-
tägliches Rasieren.
Unverkennbarer Papa-Duft-
Tabac-damals,
Nivea –jetzt
        weißt du eigentlich, dass ich mir mit deinem Rasierer
        oft die Beine rasiert habe und mir der Rasierkopf
        beim Putzen/Ausklopfen oft ins Klo gefallen ist?!

...Mittage.
Ewiges Warten am Tisch.
Telefontrick funktioniert.

...Abende.
Rolladen runter-
bis zur letzten Ritze-Vorsicht Spanner.
Warten auf das Ritual zur Nacht.
Segnende Hand auf dem Kopf.

...Schlaflose Nächte.
Weil Kotzerei:
Haare halten, Ehebettschlafen
Weil Prüfungsangst:
auf Küchenbank tröstende Arme und Worte

5

Erinnerung an Streit.
Schreien, Toben, Wüten, beleidigtes Wegrennen.
Hausarrest, Fernsehverbot, Schweigen.
Klärung garantiert-
„lass die Sonne nicht im Streit untergehen"
erste Schritte und Bitte um Entschuldigung-
meist zuerst von dir-
Lebenslernen.

6

Erinnerung an durchkämpfte Mathematik-Mittage.
Du, konsequent und stur bis zur Lösung,
Trotz Geschrei und Getöse
und das konnte ich
richtig gut.

7

Erinnerung an Fernseh-um/aus-schalten bei Werbung.
Du konntest diese absolut nicht leiden.
Wir genossen Werbung pur an einsamen Tagen.

8

Erinnerung an kantenbeschnittes Brot und Pizzaränder auf Papas Teller

9

Erinnerung an ein- und ausgehende Menschen.
Immer offenes Ohr und Zeit für Gespräche-
egal wer.
Permanentes Telefonklingeln und
besetztes Wohn- und Arbeitszimmer.
Fernsehverzicht.

10
Erinnerung an Umzüge.
Schon so oft.
Schleppen, bohren, nageln, dübeln-
immer selbstverständlich.

11
Erinnerung an starken Rückhalt, Zutrauen und Aushalten.
Wenn verzweifelt, traurig, resigniert und wütend-
nie falsches Mitleid.
Mut zum Vorwärtsgehen.

12
Erinnerung an Papa heißt immer auch Mama.
Vorbild, Ergänzung und Einheit.

Liegt es wohl an diesen Erinnerungen,

dass ich Bücher liebe und in sie hineinkritzle und immer welche dabei haben muss und überall lesen kann.

dass ich bei „meinen" Kindern vor verschlossener Tür stehe und um Verzeihung bitte

dass ich mich nicht für Theologie interessiere

dass ich versuche Menschen nicht nach äußeren Maßstäben zu beurteilen und ein Herz für Randgruppen habe

dass meine Haare schon jetzt richtig weiß werden

dass ich die Hand zum Segnen auf mir liebe Menschen lege

dass ich Konflikte klären muss, bevor die Nacht kommt und Disharmonie schlecht aushalten kann

dass ich in der Gewissheit lebe von Gott versorgt zu werden - in jeglichen Bereichen

dass ich in manchen Situationen schweige

dass ich stur und bockig sein kann

dass ich nicht nur für mich leben will und gerne viel arbeite

dass ich viel Liebe zum Weitergeben habe

dass ich Brot in jeglicher Form liebe, besonders Pizzaränder und Kanten

...

Ganz bestimmt.

Und an Mama -
Lebensprägung.
Und den Genen.

Danke.
Rebekka

Sara Faix

Lieber Papa,
ich kann es nicht in ein paar Sätze packen, was du mir bedeutest.
Erst in den letzten Jahren und vorallem im letzten halben Jahr in Berlin, wurde mir bewußt was es bedeutet einen solchen Vater zu haben.
Ein Vater der Vorbild ist, der auch hinter der Spüle steht, diskutiert, betet, streitet, spielt, lacht, liest, sich entschuldigen kann. Du bist ein Papa zum anfassen und ich danke dir für deine Liebe. Dafür dass du hinter mir stehst und mich unterstützt, dass gibt mir Mut und Sicherheit.
Du gibst mir Freiraum mein Leben selbst zu gestalten, ich weiß, dass das nicht selbstverständlich ist.
Danke für die vielen guten Gespräche, und dass du so geduldig mit mir bist und vorallem auch warst, in meinen schwierigen Zeiten

Sara.

Biographische Anmerkungen

1940	Geburt in Kleinlomnitz (heutige Slowakei)
1944	Ausweisung und Flucht nach Reichenbach
1945	Rückkehr nach Kleinlomnitz
1946	Flucht nach Steinbeck/Mecklenburg
1946 bis 55	Besuch der Grundschule in Elmenhorst
1947	schwere Tuberkuloseerkrankung

14

1947	Tod des Vaters
1955	Flucht aus der DDR nach Neuß am Rhein
1956 bis 1958	Schlosserlehre
1958 bis 1960	Schlossergeselle bei Oppermann
1960 bis 1961	Beginn des Ingeneur-Studiums
1961 bis 65	Besuch des Predigerseminars
1965 bis 70	Stadtmissionar in Ludwigshafen
1968	Heirat mit Barbara, geb. Rupp
1969	Geburt von Tobias
1970 bis 78	Prediger in Itzehoe
1974	Geburt von Rebekka
seit 1978	Dozent am TSA
1980	Geburt von Sara

Hans Faix, Tobias Faix

LEBEN: Stationen seines Leben, begeleitet von persönlichen Grußworten

Kindheit

Hans Faix

Vor 60 Jahren ihr lieben Leute,
da gab es im Hause Schusters große Freude.

Ein zweiter Sohn wurde geboren dort -
an jenem Ort.

Wilhelm wurde er genannt,
als Willi ist er uns allen gut bekannt.

Als Baby quicklebendig, als kleiner Junge stets fidel
war er im Hause ein Juwel.

Er hatte eine lose Zunge
und war auch stets ein lustiger Junge.

Doch machte er auch krumme Sachen
und brachte viele Leut' zum Lachen.

Mit Wilhelm Roth, seinem besten Freund,
hatte er einst die Asche aus dem Holzofen geräumt.

Sie schmierten sich die Asche ins Gesicht,
- die beiden Buben -
der Rest der Asche wurde verstreut in den Stuben.

Was glaubt ihr wohl, was da geschah,
als Großmutter das alles sah?

Die Oma voller Zorn entbrannt,
kam mit dem Besen angerannt.

Doch Schimpfen stimmte die Buben nur heiter,
lustig wühlten sie in der Asche weiter.

Die Hühner hatten es beiden angetan,
besonders der stolze und prächtige Hahn.

Sie jagten und scheuchten ihn quer durch den Hof,
und fanden ihr Treiben keineswegs doof.

Das war in Kleinlomnitz, seinem Geburtsort,
doch nach dem Kriege mussten wir alle von dort fort.

Wir lebten in Steinbeck, an der Ostsee am Meer,
es gab wenig zu essen und das Leben war schwer.

Der Vater starb, der Willi war klein,
die Mutter blieb mit den beiden Buben Hans und Willi allein.

Der Willi wurde krank, es ging ihm nicht gut,
doch trotz seiner Krankheit verlor er nie den Mut.

Ein Vierteljahr Klinik mit ganz strenger Ruh,
entfernt von der Mutter gehörte dazu.

Er durfte nicht gehen, er durfte nicht laufen,
es war ihm verboten, kräftig zu schnaufen.

Die Mutter war traurig und weinte oft sehr,
denn es war nun im Hause kein Willi mehr.

Am Ende des Sommers, da durfte er raus,
nach langer Behandlung im Krankenhaus.

Wir waren sehr glücklich, wir waren sehr froh,
denn Willi, der hüpfte herum wie ein Floh.

Bald musste er zur Schule, das tat er nicht gern,
er blieb, wenn er konnte, der Schule gern fern.

Er liebte die Tiere - ach war das ein Spaß -
und fütterte die Ziege mit ganz frischem Gras.

Der Dietrich war sein bester Freund,
mit dem war er ganz innig vereint.

Was Dietrich tat, was Dietrich dachte,
das jederzeit auch Willi machte.

Sie machten sich das Leben schön,
es fehlte keinem an Ideen.

Es ist schon wahr, was ich jetzt sage,
für die Lehrer waren beide eine Plage.

Seinen Geburtstag durften wir nicht vergessen,
es gab dann stets ein besseres Essen.

Der Dietrich wurde eingeladen,
wir gingen an den Ostseestrand zum Baden.

Und wenn es galt, mal Holz zu sägen
oder aber die Stube zu fegen,

Ihr lieben Leute, das war eine Sach',
da gab es oft Familienkrach.

Der Willi sprach: „Das sind so Sachen,
die könnt ihr auch alleine machen".

Doch kam die goldene Erntezeit,
zum Ernten war er stets bereit.

Schnell ist er in den Stall gerannt,
die Pferde wurden angespannt.

Von morgens früh bis in die Nacht
wurde die Ernte eingebracht.

Hoch oben auf dem Erntewagen
stapelte er Getreidegarben.

Den ganzen Tag gab es viel zu tun,
es war kaum Zeit, sich auszuruhen.

Und gab es im Sommer einmal Regen,
das war für Willi ein wahrer Segen.

Dann durfte er zu Hause bleiben,
beim Spielen seine Zeit vertreiben.

Als Willis Schulzeit war zu Ende,
da setzte ein die große Wende.

1955 musste Willi aus Steinbeck fort
an einen für ihn ganz fremden Ort.

Er wohnte nun bei Onkel Fiedler
in Neuß am Rhein als Neuansiedler.

Der Onkel war ein strenger Mann,
man sah es ihm an seiner Haltung an.

Nun gab es für Willi nichts zu lachen,
was Onkel sprach, musste Willi machen.

Eine Schlosserlehre fing er an
in Neuß am Rhein bei Oppermann.

Die ganze Woche gab's keine Ruh',
Willi musste schaffen immerzu.

Täglich morgens früh aufstehen
und abends bald zu Bette gehen.

Am Mittwoch ging's zur Bibelstund'
im Kreise einer Männerrund.

Am Samstag wurden Brötchen ausgetragen
aus Bäcker Vincents Bäckerladen.

Und jeden Sonntag, das war klar,
ging Willi zur Kirche

mit Onkel Fiedlers Familienschar.

Als seine Lehrzeit war zu End'
da regte er sich sehr behend.

Ein Fernlehrgang wurde absolviert,
ein Studium an der Ingenieurschule ausprobiert.

Willi war fleißig, er tat sich regen
und bemühte sich zu gehen auf Gottes Wegen.

Er ging in sich, er wurde stille
und spürte, was ist Gottes Wille.

Nun war er ein erwachsener Mann
und fing noch mal von vorne an.

Prediger wollte er jetzt werden
und das Evangelium verkünden hier auf Erden.

St. Chrischona war der Ort,
an dem er studierte Gottes Wort.

Auch das war eine harte Zeit,
doch Willi war für das Bibelstudium bereit.

Das Geld war knapp, er war in Not,
er betete um's tägliche Brot.

Was war zu tun in diesen Jahren?
Er musste sparen, sparen, sparen.

Doch als das Bibelstudium zu Ende,

trat endlich ein eine finanzielle Wende.

Er war nie reich - das ist's ja eben -
doch hatte er genug zum Leben.

Ludwigshafen war der Ort,
an dem er zuerst verkündete Gottes Wort.

Er ging bewusst auf Gottes Wegen
und glaubte fest an seinen Segen.

Der Segen kam - und das ist wahr -
nach kurzer Zeit im zweiten Jahr.

Die Barbara hat er gefunden,
mit ihr fühlt er sich seither ganz verbunden.

Einen Sohn und zwei Töchter hat ihnen Gott beschert,
und alle haben sich zu Gott bekehrt.

Sie haben stets ein offenes Haus
für alle, die da gehen ein und aus.

Die Familie ist eine glückliche Schar,
was will er mehr - ist das nicht wunderbar?

Dein Bruder *Hans*

Wilhelm & Lydia Fiedler

Lieber Willi!
Ich freue mich sehr, dass ich Dich auf diese Weise auch im
Namen meiner Frau Lydia grüssen darf zum 60. Geburtstag.

Ich tue das in brüderlicher und verwandtschaftlicher Herzlichkeit. Ein Bibelwort soll das im Blick auf die Vergangenheit und im Blick auf die Zukunft ausdrücken:

Erkennet doch, dass der Herr die Seinen wunderbar führt! Psalm 4, 4.

Diese wunderbare Führung hat Dir der Herr geschenkte Darauf kannst Du Dich auch weiterhin verlassen.

Unsere Wege wurden sehr verschieden geführt; und doch hatten sie immerwieder Berührungspunkte, an die ich heute gerne denke und Dich daran erinnern möchte.

Da ich fast 13 Jahre älter bin als Du und in Kesmark zuhause war, habe ich bewusst Deine frühen Kindheitstage (1940-44), wenn auch nur in wenigen Begegnungen, in Kleinlomnitz bei Schusters und Mischus mitbekommen.

Durch die Flucht und Vertreibung gingen unsere Wege weit auseinander. So war ich überrascht, als ich Dich dann bei meinen Eltern in Neuß am Rhein im Jahre 1955 wiedergesehen habe. Wir waren frisch verlobt und bei meinen Eltern zu Besuch. Ich war damals in Altheim auf der Schwäbischen Alb in der Chrischona-Gemeinschaft stationiert.

Eine angenehme Überraschung war es dann für mich, als Du zur thelogischen Ausbildung auf St. Chrsichona 1andetest was uns auch verbindet.

Kurz sahen wir uns dann einmal in Ludwigshafen, wo Du tätig warst. Aber dann beeindruckte mich unsere Begegnung in Adelshofen, wohin Du zum theologischen   Lehramt berufen wurdest.

Und schliesslich war es ein besonderes Erleben, als wir im Sommer 1995 gemeinsam unsere frühere Heimat besuchen konnten: Kleinlomnitz, Kesmark, Poprad.

Wieviel Güte, Barmherzigkeit, Geduld und Treue unseres Gottes liegen doch in diesen 60 Jahren!
Bei all den Berührungspunkten fallen bei uns drei Tatsachen zusammen, die selten sind:
1. Wir sind blutsverwandt.
2. Wir stehen gemeinsame im Dienst unseres Herrn und Heilandes.
3. Wir sind seine Kinder, die er sich erkauft hat mit seinem teuren Blut. Und das gilt in Ewigkeit! Niemand kann es uns streitig machen! Ihm gebührt Lob, Preis, Ehre und Anbetung!

Ich befehle Dich weiterhin seiner Gnade und Langmut, dass Du ihm noch viele Jahre dienen kannst gemeinsam mit Deiner Frau Barbara. Er rüste Euch täglich mit seinen Gaben und Kräften aus, dass Ihr etwas sein könnt zum Lob seiner Herrlichkeit.
Seid nochmals lieb gegrüsst, verbunden in der Liebe Gottes, unseres Herrn.
Freudenstadt, zum 16 August 2000

Dein *Vetter/Wilhelm mit Frau Lydia*

Margret Hauschild

MAN BLOTS'N POAR JOHRTEIHNTE...

DÜÜT LÜTT', OLL KOTTE LEEVEN
FLÜÜCH'T AS'N HAUCH DORVUN!
'N POAR IELIGE JOHRTEIHNTE
RAST' HASTIG, STUNN BI STUNN
DORVUN...

UN WULLT BILANZ DU TRECKEN.
FRAGST DI: „ HARR'T EENEN SIINN? "
FANGST AN, ALLN'S DÖÖRCHTOCHECKEN
WO DRIFFT DI DAT DENN HIN
WOHIN...

IS ALLN'S NICH STÜMPERKRAM?
BI DI, BI MI, BI VEELE ??
SIK GROODOON STEIHT NÜMS AN
UNS WELT IS KEEN' HEELE
FÖR VEELE...

EEN ÜNNERSCHEEDLICHE BILANZ
MAG JEEDEEN FÖR SIK TRECKEN!
DÜSS' FLÜCHTIGEN JOHRTEIHNTE
KANN NÜMS TOENN DÖÖRCHECKEN
ANECKEN...

WARST ÜMMER, ÜMMER WEDDER
MIT SON'N BILANZGEZETER!!
TRÜÜCHWARTS KANNST' VERSTAHN
MAN BLOTS...VÖRWARTSGAHN
IS BETER....

Deine Margret Hausschild

Ludwigshafen

Dieter Stein

Lieber Willi,

wenn ich diese Zeilen schreibe, schreibe ich sie gleichzeitig auch von Hanna her und in Übereinstimmung mit ihr, denn wir haben Dich ja gemeinsam erlebt!

Ich bin Gott dankbar, dass Er mir in Dir jemanden mit einem weiten, großen Herzen in den Weg gestellt hat. Jemanden, der nicht nur Stadtmission, sondern den ganzen Leib Christi im Blickfeld gehabt hat.

Hier an den Anfängen meines geistlichen Lebens wurden Grundlagen in mir angelegt, die bis heute noch nicht ausgereizt sind.

Ich denke daran, dass wir in den Basisgruppen oder bei seelsorgerlichen Gesprächen so selbstverständlich „gehandelt hatten aus dem Glauben heraus", dass wir „unserer Zeit" weit voraus waren. Vieles was uns selbstverständlich war, wird jetzt erst in Literatur oder auf Tagungen erarbeitet oder gelehrt.

Im Rückblick erscheint mir diese Zeit in Ludwigshafen wie eine Erweckungszeit, die Gott uns geschenkt hat.

Ich erinnere mich auch an eines Deiner Worte, das Du öfters gesagt hast: „Dass Du Dein Leben für Jesus verströmst und dass Du deswegen nicht alt werden wirst."

Soweit ich es persönlich erlebt habe, hast Du einen guten Kampf gekämpft und bist einen guten Lauf gelaufen. Ich bin gespannt, wie Gott Deinen Lauf weiterführt (und ob wir daran noch auf irgendeine Art und Weise Anteil haben werden).

Zu Deinem Geburtstag wünschen wir Dir alles Gute und Gottes Segen und wir danken Ihm dafür, dass es Dich gibt und Du ein Teil unseres Weges warst.

Dieter Stein

Lydia Stark

Begegnungen mit Willi Faix:
1965 kommt ein junger Hilfsprediger zur Stadtmission nach Ludwigshafen. Auch im Aussendorf Maxdorf wird Willi Faix eingeführt. Bald erkennen wir, dass er ein kluger Mann ist, der im Wort Gottes schürft, aber seine eigenen Wege geht und sich nicht in vorgeprägte Formen einfügt. Wir freuen uns immer, wenn er in seiner erfrischenden, lebensnahen Art die Bibelstunden hält. Mein Bruder, der sich von der Stadtmission distanziert hat, lernt Willi bei uns kennen und auch er stellt fest, dass dieser eine weite, selbstständige Betrachtungsweise hat.

Wir bedauern sehr, dass Willi Faix mit Frau und Kind nach wenigen Jahren Ludwigshafen verlässt. Inzwischen befreunde ich mich mit Martha Rupp, Willis Schwiegermutter. Die junge Familie Faix hat nach einiger Zeit im Lebenszentrum in Adelshofen ihren Lebensraum gefunden.

Ich nehme, zusammen mit Martha, an Familienfesten teil und bin in die erweiterte Familie aufgenommen. Bei unserem Beisammensein kann ich manche Probleme mit Willi besprechen, habe einen aufmerksamen Zuhörer und guten Berater.

Auch nach Marthas Tod bleibt die Verbindung bestehen, ja sie wird sogar verstärkt durch gemeinsame Krankenbesuche bei Irmgard Beyersdörfer. Irmgard lebte vier Jahre in meinem Haus, muss dann aber wegen ihrer schweren Krebserkrankung teils im Krankenhaus betreut werden. Oft verabreden wir uns zu einem gemeinsamen Besuch und danach gibt's mit Willi und Barbara noch ein gemütliches Kaffeestündchen im Lokal oder bei mir zu Hause. Auch jetzt noch finden wir hin und wieder die Gelegenheit, uns zu treffen. Für mich ist das Zusammensein mit Willi und Barbara stets eine Freude. Ich fühle mich ihnen von Herzen verbunden und bin immer eine Beschenkte.

Lydl Stark

Itzehoe

Rüdiger Blaschke

Ein Leben im Segen

„Seelsorge an der eigenen Seele" von Erich Schick, „Gemeinsames Leben" und „Nachfolge" von Dietrich Bonhoeffer, das sind die Bücher in meinem Bücherschrank, die ich vor über 20 Jahren auf Empfehlung von Wilhelm Faix kaufte, las und über die Jahre immer wieder in die Hand genommen habe. Gute Buchempfehlungen, die mich prägten. Willi und seine Bücher – sein Arbeitszimmer quoll damals schier davon über – nur ein Aspekt, der mir zu Wilhelm Faix einfällt.

Wenn ich im folgenden darüber schreibe, was mir gewissermaßen zum Vermächtnis von Willi Faix wurde, dann will ich jedoch nicht in seinen Bücherschränken wühlen und alten Staub aufwirbeln. Schließlich erlebe ich das, worüber ich heute schreibe, immer noch sehr lebendig, obwohl Willi mit seiner Familie vor über 20 Jahren von Itzehoe fortzog.

Es geht um ein Leben unter dem Segen Gottes, als Gesegneter und als Segnender. Anstoß für mich war eine Predigtreihe, die Willi über die Thematik „Segen/segnen" Ende der 70er Jahre in der landeskirchlichen Gemeinschaft in Itzehoe hielt. Mir ist damals sehr deutlich geworden, dass auch das Leben eines Laienchristen ein priesterliches Leben sein kann, ja sein soll. Wann man segnen kann und wie man segnet, lernte ich im Gemeindeleben ganz praktisch: Krankheit, berufliche Herausforderungen, Aufnahme von Aufgaben in der Gemeinde, das private Umfeld aber auch die große Politik oder Ereignisse von überregionaler Bedeutung, alles kann unter Gottes Segen gestellt werden. Segnen als Möglichkeit, andere Menschen und die unterschiedlichsten Situationen in die Nähe Gottes zu bringen.

Vieles hat sich verändert, seit Willi und Barbara Faix Itzehoe verlassen haben. Geblieben ist für mich und meine Familie jedoch das praktische Leben als Gesegnete und als Segnende. Der Segen ist für uns ein Teil unseres Lebensvollzuges. Wenn ein Martinshorn erklingt, egal in welchem Umfeld ich mich gerade aufhalte, bitte ich kurz und still um den Segen für die Hilfsbedürftigen und die Helfer. Ich werde zu Lebzeiten wohl nie erfahren, ob und was diese Segensgebete in der Routine des Alltages bewirkt haben. Aber ohne dies wäre mein Leben mit Sicherheit ärmer.

Familiäre Dinge werden mit Segen begleitet. Von der ersten Äußerung meiner Frau „ich glaube, ich bin schwanger" über die Entbindungen, Einstieg unserer Kinder in den Kindergarten, Einschulungen, Prüfungen, Umschulungen, Krankheiten, beruflicher Druck oder was es auch sei. Ein bewusster Segen mit Auflegen der Hände kostet kaum Zeit und ist doch ein großartiges Geschenk Gottes.

Es rührte mich an, als mein jüngster Spross, Jonathan, vor einiger Zeit zu mir sagte: „Papa, ich werde meine Kinder später auch segnen und wenn die ihre Kinder nicht segnen wollen, dann tue ich es." Und es ist keine Ausnahme, dass selbst Jonathan mir hin und wieder abends die Hand auflegt und mir Gottes Segen zuspricht.

Am Beispiel der eigenen Kinder wird eine Wirkung des Segens sehr schön deutlich. Die Kinder entwickeln sich mehr und mehr fort aus dem Elternhaus und damit aus der Verfügungsmacht der Eltern. Sie müssen sich abnabeln, um ihr eigenes Leben zu gestalten und zu leben. Es mögen Wege und Bereiche dabei sein, die uns Eltern nicht so ganz behagen. Meine Frau und ich wissen aber, dass unsere Kinder Gesegnete sind. Wir vertrauen darauf, dass Gottes Segen nie leer zurückkommt. Das gibt uns die nötige Gelassenheit, unsere Kinder loszulassen.

Den Segen als einen wesentlichen Teil des geistlichen Lebensvollzuges hat Willi Faix mir damals aufgeschlossen. Als Gesegnete hat er mich und meine Familie damals in Itzehoe zurückgelassen. Als Gesegnete konnte er uns und wir ihn aber auch wirklich loslassen, weil wir wussten, Gott hält seine Hand über dem anderen. Und dennoch blieben wir trotz des Loslassens und der großen räumlichen Distanz auf schöne Weise miteinander verbunden, auch eine Wirkung des Segens Gottes.

Rüdiger Blaschke

Adelheid Hansen

Willi Faix in Itzehoe von 1970 – 1978
Obwohl schon über 20 Jahre vergangen sind, seit Willi und
Barbara Faix als Predigerehepaar in der Gemeinschaft in der
Landeskirche in Itzehoe tätig waren, ist mir diese Zeit bis
heute sehr lebhaft vor Augen geblieben. Es gäbe eine Vielzahl
von Erlebnissen und Begebenheiten, die es wert wären, ge-
schildert zu werden, aber ich möchte mich auf drei Bereiche
beschränken, die mir besonders wichtig sind.

Die Gemeinschaftsarbeit
Willi Faix gelang es zu großen Teilen, äußere Formen und
christlich geprägte Verhaltensmuster der Itzehoer Gemeinschaft, die sich z.B. in Kleidung, Sprache (natürlich kanaa-
näisch) und Umgangsformen niederschlugen, aufzubrechen
und zu verändern.
Dabei ging es Willi Faix aber nicht in erster Linie darum, Veränderungen zu bewirken, um die Itzehoer Gemeinschaft zeit-
gemäßer erscheinen zu lassen, sondern um eines seiner zentralen Anliegen: **Gott schaut zuallererst in die Herzen der
Menschen und nicht auf ihr äußeres Erscheinungsbild.**
Dazu einige Bilder und Anekdoten, wie sie mir im Gedächtnis
geblieben sind:
   - Erst viele Jahre nach dem Willi Itzehoe verlassen hatte,
   erzählte er, dass er und Barbara sich als erste „größere
   Tat" in Itzehoe komplett neu einkleideten, weil ihre alte
   Kleidung nicht dem Outfit der Itzehoer Gemeinschafts-
   leute entsprach.. Ich kann mich nur daran erinnern,
   dass Faixens Kleidung auffällig farbenfroh und erfrischend unförmig war.

- Das Jesus-People-Festival in Itzehoe war nicht nur von Willi angestoßen, sondern auch mit einer ganzen Schar von bienenfleißigen Jugendlichen organisiert worden. Alte Teppiche, Sitzpolster und –kissen wurden haufenweise in den Veranstaltungs- und Tanzsaal eines Restaurants(!!!) geschleppt, wo die Abende stattfanden. Diese Veranstaltung rief in Gemeinschaftskreisen nicht nur Zustimmung hervor, erwies sich aber als wichtiger Impulsgeber für eine große und segensreiche Jugendarbeit.
- Willi hatte eine sehr engagierte Art zu predigen. Mitunter wurde es auf der Kanzel so laut, dass wir Zuhörer die Köpfe erschreckt einzogen. Solche „Standpauken" sollten uns aber nicht einschüchtern oder erschrecken, sondern sie zeugten viel mehr von seiner eigenen inneren Beteiligung und Betroffenheit. Ich kann mich nicht daran erinnern, dass Willi jemals vergessen hätte, sich dafür zu entschuldigen, wenn „die Pferde mit Ihm durchgegangen waren".

Persönliche Veränderungen

Was in der Gemeinschaftsarbeit aufbrach, setzte sich in meinem persönlichen Leben und z.T. dem meiner Familie fort. Es gab Veränderungen, die nicht ohne Krisen verliefen, aber im Rückblick heilsam waren. In diesem Prozess war Willi mir ein wichtiger Begleiter.

Er war es, der mich und andere Itzehoer in Kontakt mit der Jesusbruderschaft in Gnadenthal brachte, die für mich Ort der Glaubenskrise (ich konnte anfangs nicht akzeptieren, dass einer meiner Söhne in die Bruderschaft eintrat und haderte darüber mit Gott) und der Erneuerung des Glaubens (durch intensive Seelsorge und Gebet) in einem wurde. Diese Erneuerung des Glaubens führte zu einer intensiveren Mitarbeit in der Itzehoer Gemeinschaftsarbeit. Dort fand ich meinen Platz im Besuchsdienst. Auch in dieser Arbeit war Willi mir wichtiger Zuhörer und Förderer.

Die Basisgruppenarbeit

Während seiner Itzehoer Jahre entwickelte Willi das Konzept der „Basisgruppenarbeit", das wir als Gemeinschaft gleich erprobten. Die wöchentlichen Treffen in kleinen, sich immer wieder teilenden Gebetszellen, waren sehr gemeinschaftsfördernd für mich und dadurch eine Hilfe im alltäglichen Glaubensleben. Leider konnten sich größere Teile der Gemeinschaftsmitglieder in Itzehoe nicht für diese Arbeit erwärmen. So geriet die Basisgruppenarbeit, vor allem nach Willis Weggang, mehr und mehr in die Kritik und schlief schließlich ganz ein. Dennoch bin ich sicher, dass die Basisgruppenarbeit für die Gemeinschaft in Itzehoe von großem Wert war.

Was Willi und Barbara Faix mir durch Ihre Arbeit und Vorleben deutlich gemacht haben, könnte ich folgendermaßen beschreiben: Das Leben mit Gott enthält viele ernste und auch schwere Momente, aber wir können es dennoch mit Fröhlichkeit, Natürlichkeit und unverkrampft leben.

Adelheid Hansen

Harald Staack

Willi als Ehestifter?

Es waren einmal eine Vorschulschwester mit Vornamen Martina und ein junger Lehrer mit Vornamen Harald.

Sie trafen sich beim Prediger Willi in der Jugendbundstunde im Klosterhof, um dem Worte Gottes zu lauschen.

Eines Abends fragte Prediger Willi den Harald: "Kannst du heute Abend einmal die Martina nach Hause fahren? Christa, die sonst fährt, ist heute nicht da und für dich ist es eigentlich kein Umweg."

Gerade begeistert war Harald nicht, aber wer wird den Wunsch eines Predigers abschlagen können?

So fuhr dann der blonde Harald die schwarzhaarige Martina in die Danziger Straße - ohne viele Worte.

Am nächsten Dienstag wiederholte sich der Vorgang des Mitnehmens. Weil Schenefeld in der selben Richtung lag, wie das Elternhaus der Martina, war es doch angebracht, sie wieder dort hinzubringen.

Der Worte wurden schon mehr gewechselt. Sie fragte ihn dies und das und er antwortete jenes und solches - oder war es umgekehrt?.

Bei der dritten Nachhausebringtour fragte der Junglehrer, ob seine Begleiterin noch einen Spaziergang wagen würde, mit ihm allein im Mondenschein. Und, welch eine Überraschung, Martina war sofort einverstanden. Irgendwann und irgendwie landeten sie dann beide unter einem Holunderbusch auf einer grünen Bank . Eine Fledermaus segelte an ihnen vorbei, ein Kauz schrie und Martina und Harald saßen mucksmäuschenstill auf der Bank und schauten zu den Sternen am Himmelszelt. Kurz vor Mitternacht standen sie glücklich auf und gingen Hand in Hand zum französischen Sportwagen 2 CV (Ente).

Vielen Dank, lieber Willi, für Deine freundliche Bitte mit Aufforderungscharakter: "Harald, kannst du Martina nach Hause bringen ?!"

Eine kleine Bitte mit großer Wirkung . Wer hätte das gedacht?

Harald & Martina Staack

Wolf-Rüdiger Queck

Los von der Droge Heroin

Im Sommer 1972 ging es mir sehr schlecht. Ich war abhängig von der Droge Heroin und spritzte sie mir täglich. Als ich eines Nachmittags aus dem Badezimmer kam, entdeckte meine Mutter die vielen Einstiche in meinen Armen. Entsetzen und Verzweiflung standen in ihrem Gesicht; sie brach in Tränen aus. Verstört verließ ich mein Elternhaus und rannte ziellos durch Itzehoe. Im Eiscasal traf ich auf Wilhelm vom Fischhaus Pohlmann. Ich kannte ihn als Geistergeschichtenerzähler und Spiritisten. Er rief mich zu sich an seinen Tisch, bestellte Kaffee und erzählte von seinem neuen Glauben an Jesus Christus. Er habe dem Spiritismus abgesagt und sei nun ein Bekehrter. Er sagte mir, er kenne einen Pastor, der mir helfen könne. Ich ging nicht darauf ein und sagte ihm, der Glaube wäre nichts für mich. Dann gingen wir vom Eiscasal zum Klosterhof. Dort am Schaukasten der Gemeinschaft in der Landeskirche stand eine Frau in Schwesterntracht - Schwester Ingrid, wie ich später erfuhr . Wilhelm schien sie zu kennen und sagte, der junge Mann hier möchte den Pastor Faix sprechen. Ich reagierte empört und lehnte ärgerlich ab. Doch Schwester Ingrid rannte schon die Auffahrt zum Büro des Pastors hoch und Sekunden später stand Pastor Faix vor mir. Er begrüßte uns freundlich und lud uns zu einer Tasse Tee ein. Ich wollte nicht, ließ mich aber schließlich von den beiden überreden und ging mit in das Arbeitszimmer des Pastors. Ohne Umschweife kam er sofort auf mein Drogenproblem zu sprechen. Bislang hatte ich darüber mit keinem Menschen sprechen können und fühlte mich gut, einmal auspacken zu können. Plötzlich fragte mich Pastor Faix, ob wir nicht zusammen beten sollten. Ich lehnte dankend ab und sagte, dass ich mir dabei albern vorkäme. Er ließ aber nicht locker und hakte nach. Ob denn Wilhelm und er für mich beten dürften. Das, so gab ich nach, würde mich nicht stören. Einiges vom Gebet, das Pastor Faix dann sprach, habe ich noch ziemlich genau im Gedächtnis : "Herr Jesus", so fing er an, "ich möchte, dass Du Dich dem Rüdiger vorstellst. Ich bitte Dich, dass er Dich versteht, dass Dein Wort nicht totes Wort ist. Heile ihn von der Drogensucht."

Ich kann es kaum beschreiben, was dann geschah. Wie heilendes Wasser strömte es durch meine Adern. Ein unbeschreibliches Glücksgefühl erfasste mich und ich stand verwirrt auf und verabschiedete mich. Als ich in den Klosterhof ging, nahm ich alles viel klarer wahr, z.B. stand links von der Straße eine Kastanie, deren Grün mich begeisterte. Vorher sah ich alles wie durch einen Nebel, jetzt war alles klar - ein tolles Erlebnis für mich. Mit Riesensprüngen und leichtfüßig lief ich durch den Klosterhof. Ich überlegte, ob ich in die Drogenhöhle "Schwarzbart" gehen sollte, um dort mein Erlebnis zu erzählen, entschied mich aber dafür, nach Hause zu gehen. Ich nahm mein Besteck und entsorgte es. Ich hatte - so unglaublich es klingt - kein Bedürfnis mehr Heroin zu spritzen, und was noch unwahr-

scheinlicher erscheint : Ich hatte keinen qualvollen Entzug, nichts, kein Zittern und Frieren..... . In der nächsten Woche bin ich dann in den Jugendkreis des ECs gegangen.

Im Gebet erlebte ich Ruhe und spürte ein wenig von der Wärme, die mich im Pastorenarbeitszimmer ergriffen hatte. Pastor Faix sagte mir dann : "Du musst die Bibel studieren! Glaube besteht nicht nur aus Gefühl!" Ich fand keinen Zugang zu dem Buch und bin dann nach einigen Monaten wieder rückfällig geworden. Mit einer schweren Gelbsucht lag ich fünf Monate im Krankenhaus und hatte dort eine geistige Auseinandersetzung mit dem Glauben. Ich las viel in der Bibel. Den Kontakt zur Jugendgruppe habe ich nach der Entlassung aus dem Krankenhaus nicht wieder aufgenommen; sie war mir zu artig und zu bürgerlich. Der Glaube an Jesus Christus ging aber nicht verloren. Heroin blieb für mich tabu. Ich führe heute kein frommes Leben mit Kirchenbesuch und so, habe aber nach meiner Einschätzung einen lebendigen Glauben. Trost und Kraft hole ich mir täglich aus einem christlichen Erbauungsbuch.

Wolf-Rüdiger Queck
(Erzählt von Wolf-Rüdiger Queck, aufgeschrieben von Harald Staack)

Bruder Friedemann

Lieber Willi,
Du kennst uns, die Jesus-Bruderschaft, ja schon lange. Wir wollen Dich auf diesem Wege zu Deinem 60. Geburtstag sehr herzlich grüßen!
Von den Brüdern weiß ich, dass Du in den 60er Jahren, als Du bei der Stadtmission warst, öfters die Brüder in Ludwigshafen in der Richard-Wagner-Strasse besuchtest und da ein schönes Begegnen war.

Wir beide haben uns kennengelernt, als Du in der Landeskirchlichen Gemeinschaft in Itzehoe warst und ich in unserer Brüderkommunität in Hamburg lebte. Schon da habe ich Dich als jemand erlebt, der um die Wichtigkeit der kleinen Zelle in der Gemeinde weiß und dem der Gebetsdienst viel bedeutet.

Durch Deine Rundbriefe durfte ich Anteil nehmen an Deinem Leben als Lehrer am Theologischen Seminar in Adelshofen. Es war und ist für mich immer wieder beeindruckend, in wie viele Dienste in der Bibelschule und darüber hinaus in Gemeinden, in der Seelsorge Du Dich hineinnehmen lässt. Und dann war für mich aus Deinem Berichten so schön zu ersehen, wie Ihr als ganze Familie von Gott gesegnet seid. Das ist etwas Besonderes, wenn Eltern und Kinder den Herrn kennen und ihm dienen.

Mit herzlichen Grüßen des Gedenkens
Dein Bruder Friedemann

Adelshofen

Willi Feldmann

Väterlicher Freund
Ich habe Dich, Willi, als väterlichen Freund schätzen gelernt. In Krisensituationen habe ich Dich aufgesucht und Du hattest ein offenes Ohr und einen guten Rat für mich.
Ein unvergessliches Wort: „ Nimm den Kampf mit Dir selber auf! ",
half mir entscheidend weiter.
Du hast die „Offene Jugendarbeit - Teestube Oase " begleitet. Wieder half mir ein Wort weiter, als ich entmutigt war: „ Gib nicht auf, Du brauchst einen langen Atem in der Offenen Jugendarbeit. Arbeite zehn Jahre weiter und dann kannst Du überlegen, ob Du aufgibst. " Dadurch konnte ich dranbleiben.
Im Seminar für Jugendarbeit hast du mir viel zugetraut. Ich lernte Verantwortung übernehmen, Referate halten usw. Nach

einigen Jahren leitete ich dann sogar das Seminar. Durch Dich wurde bei mir etwas gefördert und freigesetzt.

Nach meinem Weggang von Adelshofen, bleibst Du ein Freund und hast mich nicht abgeschrieben. Briefe, Gespräche und Besuche zeigten mir Deine Verbundenheit.

Dafür danke ich Dir und auch Barbara herzlich und wünsche Dir Gottes Segen.

Dein *Willi*

Klaus Schmidt

Nicht der ist ein wahrer Lehrer, der Stoff vermittelt, sondern der, der Schüler unterrichtet.

Der Urheber dieses Zitates ist unbekannt. Offensichtlich wollte er zum Ausdruck bringen, dass fachliche Kompetenz und pädagogisches Bemühen zwei unterschiedliche Dinge sind, die leider bei Lehrern nicht immer zusammenfinden. Doch zum Glück gibt es auch solche, die in beiden Bereichen hervorragen.

Wilhelm Faix verkörpert für mich diesen Typus von Lehrer.

Seine theologische und pädagogische Arbeit zeigt, dass eine Kombination von Fachwissen und pädagogischem Geschick sehr wohl möglich ist.

Dass er jemand ist, der die Praxis genau so ernst nimmt wie die Theorie, habe ich selbst erfahren dürfen, als ich ihn Mitte der 80er Jahre bei den jährlichen Lehrer-Treffen der Konferenz bibeltreuer Ausbildungsstätten kennen lernte.

Später dann erlebte ich durch die gemeinsame Arbeit im Vorstand der KbA immer wieder, dass das Zusammengehen von Lehre und Leben für ihn ein zentrales Thema ist.

Im Kampf gegen die „Verkopfung" hat er immer wieder betont, dass das theologische Arbeiten nur dann fruchtbar sein kann, wenn wir uns gleichzeitig um die Umsetzbarkeit Gedanken

machen. Ja mehr noch: wenn wir Verantwortung dafür übernehmen, dass andere das leben können, was wir lehren. Ich
bin dankbar dafür, dass sein Leben diese Einstellung widerspiegelt und dass sein Dienst in der Zusammenarbeit der Bibelschulen und Seminare solche guten Spuren hinterlässt.
Lieber Willi, zu Deinem 60. Geburtstag gratuliere ich Dir sehr
herzlich und wünsche Dir in besonderer Weise den Segen
Gottes. Ich wünsche außerdem, dass Gott deinen Dienst weiterhin zum Bau seines Reiches gebraucht und bei vielen, die
dir begegnen, tiefe Eindrücke hinterlässt.

Klaus Schmidt Seminarleiter Neues Leben-Seminar

Ute & Wolfgang Sauer

Lieber Willi,
zu den schönsten gemeinsamen Erinnerungen gehören unser
Urlaub in Spanien.
Gemeinsam in einer Wohnung zu leben,
gemeinsam einzukaufen,
gemeinsam zu kochen,
gemeinsam Trinkwasser holen,
gemeinsam zum Pedralta marschieren,
gemeinsam die Costa Brava entdecken,
gemeinsam die Sorge um Utes Vater zu tragen.
Viel gemeinsames zu erleben war schön.

Auch bis heute ist das gemeinsame Erleben das Schönste.
Gemeinsam mal Kaffee trinken.
Gemeinsam mal Mittagessen.

Gemeinsam zum Familiengemeinschaftstreffen fahren.
Gemeinsam über ein Anliegen reden.
Gemeinsam zu beten.

Warum ist dieses Gemeinsame so schön?

Willi, das liegt bestimmt an Dir,
Du bist ein Mensch der ein weites Herz hat,
der jeden Menschen wichtig nimmt,
Du bist trotz vieler Gaben sehr bescheiden,
so dass man sich in Deiner Nähe wohl fühlt,
Du hast die Gabe, den anderen neben Dir stehen zu lassen.
Du hast außerdem die Gabe der Ermutigung.
Danke für alle Ermutigung, die wir schon von Dir erhalten haben.
Danke für alles Mittragen unserer persönlichen Anliegen.

Das schöne, an der schönen Gemeinschaft ist nicht nur, dass es uns gut tut,
sondern dass wir darin ein Gebot Gottes erfüllen und dass somit unser Leben auch Gott erfreut
und dass es darüber hinaus zum Vorbild für andere wird, zur Ehre Gottes.

Darum grüßen wir Dich mit dem nachstehenden Wort aus dem 1. Johannesbrief.
Und freuen uns auf weitere schöne Stunden der Gemeinschaft mit Dir und Barbara.

Lasst uns nicht lieben mit Worten noch mit der Zunge,
sondern mit der Tat und mit der Wahrheit.
Und das ist sein Gebot,

dass wir glauben an den Namen seines Sohnes Jesus Christus
und lieben uns untereinander,
wie er uns das Gebot gegeben hat.
1.Jo.3,18+23

So segne Dich der lebendige Gott und Vater
und auferstandene Herr Jesus Christus
und der ausgegossene Heilige Geist,
in jedem Tag Deines Lebens.

Alles Liebe
Ute & Wolfgang Sauer

Marina + Siegfried Weinert

Was fällt mir ein, wenn ich an **Willi** denke ?
- Kraftvolle Predigten - auch mit kraftvoller Stimme
- Freundliches Lächeln
- Viele Bücher
- Der Nikolaus - er spielte im Kindergarten Adelshofen
  mehrmals den Bischof Nikolaus mit großem Erfolg. Noch
  Monate später riefen Kinder begeistert: „Guck mal, da
  kommt der Nikolaus", wenn sie Willi im Dorf sahen.

- Sehr gastfreundlich
- Drei tolle Kinder
- Arbeitszimmer - dort befindet er sich fast immer, wenn er
  zu Hause ist.

Und natürlich BARBARA: Ohne sie kann ich mir Willi nicht vorstellen. Sie sind für mich ein Ehepaar, das sich absolut genial ergänzt.

Das erlebte ich bei etlichen Elternabenden und sonstigen Veranstaltungen, aber auch im privaten Bereich. Was mich immer wieder fasziniert, ist ihre Liebe zueinander, die auch nach über 30 Ehejahren deutlich wird.

Ihr Umgang miteinander ist auch für unsere Ehe vorbildlich.

Doch am allermeisten beeindruckt mich, wie Barbara und Willi ihren Glauben leben, mit welcher Selbstverständlichkeit sie ihren Glauben bezeugen, wie interessiert und offen sie auf Menschen zugehen.

Vor mehr als 20 Jahren habe ich durch das Leben von Barbara und Willi erfahren, dass man zu Jesus eine ganz persönliche Beziehung haben kann. Nach mir machte mein Mann diese Erfahrung und inzwischen noch andere Familienmitglieder.

Wir können den Beiden nur von ganzem Herzen danken für ihre Art zu leben und sich unserem Herrn Jesus zur Verfügung zu stellen. Durch ihr Vorleben haben wir das Wichtigste kennen gelernt, was man im Leben erfahren kann, nämlich Geborgenheit im Glauben an Jesus.

Darüber hinaus sind sie uns mit ihrer ganzen Familie sehr wichtige liebe Freunde, die unser Leben reich und schön machen.

Wir sind froh und dankbar dass wir euch kennen. Möge der Herr euer Leben und eure Ehe weiterhin reich segnen und uns noch viele gute Erfahrungen miteinander schenken

Herzlichst Eure

Marina + Siegfried

Es gibt 2 Dinge, die ich aus meiner guten Beziehung zu Willi herausheben möchte.

Er hat mich oft ermutigt und mir viel zugetraut. Als ich in einer persönlichen Not an mir zweifelte und resignierend sagte: "Das schaffe ich nie!" erwiderte er mir: "Du schaffst das. Und wenn du es selbst nicht glaubst, dann glaube ich das für dich mit!" Er behielt Recht.

Eine besondere Begegnung hat sich mir tief eingeprägt. Im Juni 96 wurde ich mit einer Fußentzündung ins Krankenhaus eingeliefert. Die Ärzte konnten die Ursache nicht herausfinden, das Fieber legte mich immer mehr lahm. Als meine Frau mich am 3. Abend anrief, war ich zu schwach zum sprechen. Mein Wunsch war, dass Willi mit ins Krankenhaus kommt. Aber ich konnte es nicht ausdrücken und musste auflegen. Auch die Ärzte waren mit ihrem Latein am Ende. Nach einer Weile betrat meine Frau das Zimmer - mit Willi. Sie kamen an mein Bett und Willi betete für mich mit Worten aus Psalm 34. Ich konnte zwar nicht reagieren, aber ich nahm die Worte auf. Vorher konnte ich mich selbst nur an ein einziges Bibelwort erinnern aus Jes 40,31: "Die auf den Herrn harren, kriegen neue Kraft, dass sie auffahren mit Flügeln wie Adler." Innerlich rief ich: "Herr, wo ist ie Kraft?" und kam mir vor wie ein Adler, der immer tiefer fällt, weil er die Flügel nicht aufbringt. Nach Willi´s

Gebet waren die Flügel plötzlich da, ich wurde ruhig und ab diesem Zeitpunkt ging es in kleinen Schritten bergauf. Hinterher sagte mir meine Frau, dass Willi mitten aus einem Treffen heraus mitging, quasi alles stehen und liegen ließ. Geistliche Beweggründe sind ihm immer wichtiger als das normale Tagesgeschäft. Diesen Blick hat er mir auch für die Gemeindearbeit vermittelt.

Gruß, *Karsten*

Lebenszentrum Adelshofen

Dank für großes Engagement und innovative, weiterführende Beiträge
Wilhelm Faix zum 60. Geburtstag

Br. Dr. theol. Oskar Föller

Als Lebenszentrum Adelshofen haben wir dem Jubilar in vielfacher Weise zu danken. Vorbildlich hat er sich zusammen mit seiner Frau Barbara nunmehr schon über 20 Jahre mit seinem Leben hier eingebracht und das Ganze zu seiner Sache gemacht. Die Verbindung von gründlicher biblisch-theologischer Ausbildung, mit gemeinsamem Leben und seelsorgerlich-missionarischem Dienst war ihm von Anfang an wie uns ein Herzensanliegen, so dass wir uns beim Kennenlernen schnell fanden.

1. Mit Begeisterung und hoch motiviert nahm er 1978 an unserer Bibelschule (heute: Theologisches Seminar) die Lehrtätigkeit auf. Nach einer kurzen Zeit des Einlebens übernahm er sehr bald eine Reihe von wichtigen Unterrichtsfächern, die er bis in die jüngste Zeit unterrichtet hat oder noch unterrichtet.

Dazu gehört z. B. die "Exegese des Neuen Testaments", die er von Pfarrer Dr. Otto Riecker übernahm. Typisch für Wilhelm Faix ist die gründliche Arbeit am biblischen Text, verbunden

45

mit herausfordernder persönlich-existentieller Anwendung auf das Leben. Auch der Auseinandersetzung mit historisch-kritischen Positionen wich er - immer auf der Höhe der aktuellen wissenschaftlichen Diskussion - nicht aus und suchte bei den Studierenden das denkerisch-argumentative Element zu wecken und zu stärken.

Für das neu eingeführte Fach "Exegese-Seminar" entwickelte er eine eigene Unterrichtskonzeption. In einer Zeit, als in den meisten Schulen der Vorlesungsstil dominierte, wurde hier außerordentlich fortschrittlich zur methodisch-exegetischen Eigenarbeit angeleitet. Auch die Einführung eines "Hermeneutik-Seminars" an einer bibeltreuen Ausbildungsstätte war damals ungewöhnlich und hatte Impulswirkung für andere Bibelschulen und bibeltreue Hochschulen. Das Bewusstmachen von leitenden Grundentscheidungen für die Auslegung und die Auseinandersetzung mit modernistischen Positionen ist wichtig für das Gespräch und den Dienst an den Menschen unserer Zeit. - Auch die Erweiterung und Neukonzeption der Fachbereiche "Dogmatik" und "Ethik" hat Wilhelm Faix maßgeblich mitgeprägt und gestaltet.

Mutig und innovativ hat er die Ansätze des Psychologieunterrichts von Pfr. Dr. Riecker weiterentwickelt und ausgebaut. In einer Zeit als es noch wenig Grundlagenliteratur und wenig reflektierte Praxiserfahrungen aus christlicher Sicht gab, hat er sich als Autodidakt in das weite Feld eingearbeitet und in all den Jahren die Bereiche "Allgemeine Psychologie", "Entwicklungspsychologie" und "Persönlichkeitspsychologie" kompetent und auf der Höhe der Fachdiskussion unterrichtet. Dabei wurden Studierenden wertvolle Einsichten und Hilfen für sich persönlich, ihren geistlichen Dienst und den Umgang mit Menschen vermittelt.

Wilhelm Faix gehört zu den Ersten im evangelikalen Bereich, die angesichts der rasanten gesellschaftlichen Veränderungen die Bedeutung der Pädagogik für die Gemeinde und deren Wichtigkeit in einer seelsorgerlich-missionarischen Ausbildung erkannt und sich mit grundlegenden Fragen der Erziehung befasst hat. In unserer Ausbildung schlug sich das u. a. in der Entwicklung eines "Pädagogik Intensiv-Seminars" nieder, das er viele Jahre durchführte.

In seiner Lehrtätigkeit hatte er bei aller Sorgfalt und Gründlichkeit im Detail immer das Anliegen, biblisch-theologisch und geistlich eine tragende und bewegende Gesamtschau zu vermitteln. Theorie und Praxis gehören für ihn untrennbar zusammen. Vehement kann er sich gegen ein Auseinander-Reißen und das Aufstellen von falschen Alternativen wenden. Seine Gabe zum konzeptionellen Denken und die Verbindung zur Praxis schlug sich in den viele Jahre von ihm unterrichteten Fächern "Pastoraltheologie" und "Jugendarbeit" nieder. Die vermittelte Gesamtkonzeption war die Frucht intensiver geistiger Bemühung und praktischer Erfahrung in der eigenen Gemeinde- und Jugendarbeit. Bei aller Veränderung der Rahmenbedingungen hat sich die Grundstruktur bis heute bewährt.

Auch in der "Konferenz bibeltreuer Ausbildungsstätten", in der er sich viele Jahre verantwortlich eingebracht hat, hat er Akzente gesetzt. Seine wache Wahrnehmung der Zeitentwicklung hat sich in einer Reihe von Themenkreisen niedergeschlagen, die im Lauf der Jahre bei den Konferenzen behandelt wurden. Auch die Umfrage und Untersuchung "Theologische Ausbildung im 21. Jahrhundert" hat er wesentlich mit angestoßen und vorangebracht. Eine Frucht dieser Bemühungen ist auch die Umsetzung der Grunderkenntnisse in eine Neugestaltung des Ausbildungsprogramms bei uns.

2. Nicht nur im Unterricht, auch in der seelsorgerlich-missionarischen Arbeit unseres Missionswerks sind die Spuren von Wilhelm Faix zu finden. In den Anfängen fanden vor allem die Schulungen für Hauskreisarbeit eine große Resonanz. Auch durch die Jugendarbeits- und Gemeindeaufbau-Seminare gingen viele Impulse ins Land. Teamarbeit war von Anfang an ein Schwerpunkt der Überlegungen in den verschiedenen Bereichen.

Unsere Evangelisationen bekamen durch eine intensive Schulungsphase, das Miteinbeziehen der Mitarbeiter vor Ort und die Vermittlung einer Gesamtschau von Gemeinde eine langfristige Wirkung. Dieses Konzept von "Gemeindeintegrierter Evangelisation" ist im wesentlichen von ihm entwickelt. Hier hinein gehört auch die Anregung und Förderung von Gebetsbasisgruppen in der Gemeinde und in den letzten Jahren der Bereich der Gemeindeanalyse und Gemeindeberatung.

Auch bei unseren Freizeiten und Treffen hat sich Wilhelm Faix mit seiner Frau Barbara eingebracht. Aus den Diensten erwuchs eine umfangreiche Seelsorge- und Beratungstätigkeit. In den letzten Jahren kamen vermehrt Schulungsabende hin und her im Land und eine verstärkte Vortragstätigkeit zu Erziehungsfragen hinzu.

3. Viel zu danken haben auch wir, als Lebensgemeinschaft der Kommunität. Wilhelm und Barbara Faix haben sich von Anfang an nicht als Angestellte unseres Werkes gesehen, sondern als Glieder unser Gemeinschaft und haben sich mit ihrer ganzen Existenz hineingegeben. Wo sie nur konnten, nahmen

sie am geistlichen Leben und den Abläufen im Haus teil und haben sich engagiert. "Verbindlichkeit" war für sie nicht nur ein Ideal, sie haben es an ihrem Teil auch vorbildlich gelebt. In all den Jahren hat uns Wilhelm Faix mit seinen gründlichen Bibelarbeiten und thematischen Vorträgen zu Leben und Dienst, zum Miteinander und zu aktuellen Zeitfragen viele Anstöße vermittelt und zur Stärkung unserer Lebensform und Berufung wie zur allgemeinen Horizonterweiterung wesentlich beigetragen. Im damaligen Leitungskreis hat er mit neuen Ideen zur Gesamtentwicklung des Werkes beigetragen und uns vorangebracht. So manche Einführung und Anleitung zu einem Stillen Tag half zu einer vertieften Begegnung mit Gott und wird bis heute gerne benutzt. Barbara war mit ihrer erfrischend unkomplizierten und spontanen Art bei unseren gemeinsamen Zusammenkünften immer wieder eine belebendes Element. Seit Jahren engagiert sie sich in der Bücherstube Dynamis als einem ihrer Beiträge zum Ganzen.

Indem mit Wilhelm und Barbara Faix ein Ehepaar zu uns hinzukam, hat sich der Kreis der Kommunität als Ledigengemeinschaft geweitet. 1978 kam als eigene Größe die "Familiengemeinschaft" mit heute 11 verstreut lebenden Ehepaaren hinzu. Auch hier haben sich beide in all den Jahren als Verantwortliche stark engagiert. Wir sind dankbar für alles Gebet, für alle ideelle und sehr praktische Unterstützung und Mithilfe, die wir durch sie - wie die vor 10 Jahren entstandene "Lebensgemeinschaft Leipzig" - erfahren haben. Konkret wird dies z. B. an der Veranstaltung des "Familientages", die von Wilhelm Faix angestoßen sehr gut angenommen wurde und einem Bedürfnis der Zeit entspricht.

Mit Ehepaar Faix konnten wir auch im Ausbildungsbereich ein Angebot für Ehepaare und Familien machen. Hier tun beide bis heute als Ansprechpartner, Berater und Begleiter einen wichtigen Dienst.

Den Dank im Rückblick verbinden wir mit den herzlichsten Segenswünschen zum Geburtstag und dem Wunsch, dass wir auch weiterhin so verbunden bleiben und gut zusammenarbeiten. Gott erhalte Gesundheit und Schaffenskraft und schenke immer wieder Mut und Glauben, zur Förderung der Gemeinde und zum Besten des Reiches Gottes, Neues anzudenken und anzupacken.

Br. Dr. theol. Oskar Föller (Leiter des Lebenszentrums / Theologischen Seminars Adelshofen)

Br. Peter Lohmann

Ein Mann mit Feuer und Flamme

Das hat mich von Anfang an beeindruckt: In Willi bin ich einem Mann begegnet, dessen Herz für Jesus und das Reich Gottes brennt. Es war erstaunlich: Von der ersten Begegnung an erlebten wir in Willi (und Barbara) Menschen, die hatten die gleiche Blutgruppe! Und immer wieder, bis heute, kommt dieser Impuls rüber: reichsgottesmäßig zu denken, theologisch zu arbeiten und es in das Leben der Gemeinde umzusetzen.
Unvergesslich bleibt mir eine seiner engagierten Bibelarbeiten in unserer Kommunität aus Römer 1 zum Thema: Sehnsucht nach Bruderschaft.
Die Einzelaspekte sind mir immer noch im Ohr:
* Der Dank für den Glauben der Geschwister
* Das Gebet füreinander

* Die Sehnsucht zueinander
* Bruderschaft getragen vom gegenseitigen Geben und Nehmen

Da hört man den Pulsschlag von Willi. Darin haben wir uns gefunden. Und Willi hat nicht nur davon geredet! Er lebt es, sodass seine Familie exemplarisch ist; so dass andere es abschauen können. So ist die Familiengemeinschaft geworden und gewachsen. So hat er Zeichen gesetzt, die Beachtung finden - bis heute!

Ich denke auch an Themen wie:
> Orthodoxie und Erwecklichkeit
> Thesen für verbindliches Gemeindeleben
> Geistliches Leben gestalten
> Basisgruppenarbeit
> Teamarbeit
> Familie im Wandel

Willi ist enorm produktiv. Und er kann beides: Eine gute theologische Grundlage legen, aber auch Impulse für die praktische Umsetzung geben.

In diesem Zusammenhang kann man nicht anders, als einige Reichsgottesstrategen zu erwähnen, die ihn dabei inspiriert haben, und die er mir echt lieb gemacht hat:
> Dietrich Bonhoeffer
> Nikolaus Ludwig Graf von Zinzendorf
> August Hermann Francke
> sicher auch Otto Riecker
und viele andere

Lieber Willi,
du bist ein echter Kämpfer im Reich Gottes - ein Mann mit Feuer und Flamme.

51

Möchtest du dir das brennende Herz bewahren. Auch, wenn schon mal Wasser ins Feuer gegossen wird. Auch, wo du Enttäuschungen erlebst von uns und anderen.

"So können doch viele Wasser diese Liebe nicht auslöschen!" - Und das wirkt der Heilige Geist. Er entzündet das Feuer und entfacht "die Liebesflamme, dass ein jeder sehen kann: Wir als die von einem Stamme, stehen auch für einen Mann!". Das soll auch in Zukunft unser gemeinsames Anliegen bleiben.

Dein Bruder Peter

Br. Matthias Böker

Visionär mit analytisch-provokativer Arbeitsweise und konzeptionell-verbindlicher Lebensgestaltung.

Es fällt schwer, bei einem Mann mit einer derartig ausgeprägten Persönlichkeit und einer so breiten Gabenpalette, wie es bei Willi Faix der Fall ist, nur das Wesentliche herauszustellen. Unweigerlich steht man in der Gefahr, vieles unerwähnt zu lassen, was durchaus hätte genannt werden sollen. So möchte ich schlaglichtartig nur einige Züge seiner Persönlichkeit herausstellen, die mir immer wieder auffallen.

Er leitet visionär

Willis Denken, Reden und Verhalten ist immer von einer Schau, einer Sicht - eben einer Vision - bestimmt, die ihn vorantreibt. Ihn bewegen vor allem die großen Ziele, weniger die Randfragen, die "Ausführungsbestimmungen". Und gerade dies ermöglicht es ihm auch, seine Schau nicht zu verlieren. Sei es nun die Sicht für die Basisgruppenarbeit als Grundform missionarisch dynamischen Gemeindelebens oder das Thema

verbindlicher Lebensformen in unserer Zeit oder die Bedeutung der Gemeindepädagogik oder der
Sozialwissenschaften in der aktuellen theologischen Ausbildung, immer wieder ist es ihm ein Anliegen, neue Horizonte aufzuzeigen und mit dem Blick auf dieses Ziel zu leiten, Sichten zu entwickeln, zu vermitteln und damit inspirierend Entscheidungsprozesse zu begleiten.

Er denkt analytisch

Eine Ursache für die dauernde Inspiration ist gewiss sein analytischer Geist, der sich nicht mit vordergründigen Antworten zufrieden gibt, sondern in der Grundhaltung des Suchens und Forschens begierig neue Erkenntnisse aufspürt und ihnen nachgeht. Dabei ist das Interesse sehr breit gefächert und umspannt beispielsweise nicht nur die Fragen des Neuen Testaments, der Systematischen und Praktischen Theologie, sondern auch die der Sozialwissenschaften. Mit großer Schaffenskraft, Energie und unermüdlicher Ausdauer stellt er sich sowohl den Fragen der Theologie als auch den Fragen unserer Zeit, die sich im Wandel befindet. Kein Wunder, dass die Kombination von analytischem Denken und Wissensdurst zu vielen Trendmeldungen Anstoß gibt. Seien es Trends im gesellschaftlichen Wandel, in Fachbereichen der Theologie oder in der Kirchenpolitik, oftmals erlebte ich es, dass Willi Faix schon sehr früh - oft bevor andere es realisierten - erste Trends ausmachte. Hier - wie auch in Hinsicht auf seine visionären Aussagen - befand er sich allerdings oft in der Position des noch Unverstandenen. Gewiss hat er manches Mal darunter zu leiden gehabt, dass wir ihn nicht verstanden. Aber das ist wohl stark in der Natur der Sache begründet.

Er spricht provokativ

Bezeichnend für Willi Faix ist es auch, dass er in seiner kommunikativen Lebenshaltung Erkenntnisse nicht in akademisch abgeklärter Distanziertheit darstellt, sondern entsprechend seiner ganzen Persönlichkeit, engagiert - manchmal provokativ - herausfordernd präsentiert. Er liebt den Widerspruch - nicht um der Konfrontation willen, sondern um des Denkanstoßes willen. Diese provokative, pointierte Thesendarstellung führt auch schon einmal zu Missverständnissen und Irritationen bei seinen Gesprächspartnern, doch hilft die oft durchschimmernde Absicht - kombiniert mit seiner sachbezogen geführten Argumentationsweise - dazu, die eigene Position zu hinterfragen und damit seinem Impuls nachzukommen.

Er handelt konzeptionell

Eine besondere Gabe von Willi Faix ist gewiss seine starke konzeptionelle Denk-, Lebens- und Handlungsweise. So stellte er beispielsweise in Seminaren über das Gemeindeverständnis des Neuen Testaments konzeptionelle Überlegungen immer in den Mittelpunkt seiner Aufführungen. Ein wesentlicher Ausspruch von ihm in diesem Zusammenhang lautet: "Wir brauchen keine Rezepte für Gemeindebau, sondern Konzepte." Die Konzeptionslosigkeit, also die Plan- und Ziellosigkeit vieler Hauptamtlicher ist ihm immer wieder neu ein Anstoß, dies aufzuzeigen, Sichtweisen zu formulieren und zu vermitteln. Durch diese Gabe, konzeptionell zu denken und zu handeln, ist er zum geschätzten Berater und Inspirator von Frei- und Landeskirchlern geworden, sowohl in persönlichen, beruflichen als auch in gemeindlichen Fragen. Hier finden sie die gesuchte Orientierung für ihre Arbeit und zugleich die notwendige Freiheit für die individuelle Umsetzung.

Er lebt verbindlich

Wenn er auch anderen die Freiheit lässt, so hat für Willi Faix das verbindliche, geschwisterliche Leben in Verlässlichkeit, Absprache und Treue nach dem Vorbild der neutestamentlichen Gemeinde Jesu eine sehr hohe Bedeutung. Inspiriert durch Nikolaus Ludwig, Graf von Zinzendorf, der in der Herrnhuter Brüdergemeine verbindliches Leben praktizierte und durch Dietrich Bonhoeffers Buch "Gemeinsames Leben" griff er diese Gedanken auf. Sein Sehnen nach verbindlicher Lebensgestaltung fand verschiedenartige Umsetzungen. Es führte ihn dazu, in seiner Gemeindearbeit mit einer verbindlichen Gebetsgruppenarbeit zu beginnen, die sich bis zu einem Netzwerk von missionarisch wirkenden Einsatzgruppen ausweitete. Weiter fand es Gestalt in der Betonung der Teamarbeit und auch darin, dass er sich mit seiner Frau Barbara der Kommunität Adelshofen anschloss und zudem eine "Familiengemeinschaft" gründete, deren Glieder über die ganze Bundesrepublik Deutschland verstreut wohnen und doch in einer verbindlichen Ordnung zur gegenseitigen Stärkung und Unterstützung ihr Leben führen. Zudem inspirierte seine Betonung des verbindlichen Lebens auch Studierende dazu, als Team ins Gemeindepraktikum zu gehen und dort das Leben in geschwisterlicher Zusammengehörigkeit zu praktizieren. Auch die "Leipziger Ledigengemeinschaft", in der drei Absolventinnen des Theologischen Seminars Adelshofen ihr Leben gemeinsam gestalten, erhielt ihre grundlegende Inspiration durch Willi Faix.

Ich danke meinem Bruder Willi Faix, dass er sich durch Gottes Geist hat prägen und leiten lassen, um mir und vielen anderen zur Hilfe zu werden.

Br. Matthias Böker, Studienleiter am TSA

Sr. Ute Dumke

Lieber Willi,

solch ein runder Geburtstag ist eine schöne Gelegenheit, dankbar zurückzublicken und sich an all den guten Begegnungen mit dir zu erfreuen.

Mir fallen dabei besonders zwei Abschnitte meines Lebens ein, in denen du eine prägende Bereicherung für mich warst.

1. Als **Lehrer** in der "Bibelschule": Mir hat deine Liebe zur Schrift gefallen, die
   nicht zu einer engherzigen Gesetzlichkeit führte, sondern in die Weite
   der Beziehung zu Gott und seinem Auftrag mitten in dieser Welt.

2. Als **Berater** in meinem Studium der Pädagogik und Theologie in Heidelberg.
   Dir wurden die Gespräche über die Fragen des Studiums nicht lästig, du
   zeigtest Interesse und gabst mir öfter gute Literaturtipps. Vor allem hast
   du mich motiviert, mich auch mit ungewöhnlichen Themen auseinander-
   zusetzen. Daraus ist damals meine Magisterarbeit zur "Antipädagogik"
   entstanden.
   In der folgenden Darlegung wirst du deine eigenen Gedanken wiederfinden,
   ergänzt mit meinen Überlegungen.

Danke dafür!!
In herzlicher Verbundenheit, *Sr. Ute*

Die Familiengemeinschaft

Siegfried und Rosemarie Klein

Gemeinsam auf dem Weg mit Willi Faix

Begegnet sind wir uns das erstemal im Jahre 1961 als Brüder des Missions-Seminars St. Chrischona. Es waren vier Jahre des Lernens und auch ein Stück geistlicher Prägung. Intensiver wurden die Kontakte aber erst gegen Ende der Ausbildungszeit im Sommer 1965. Wir hatten mit zwei anderen Seminaristen eine gemeinsame Studienfahrt nach Israel geplant. Ein alter VW-Bus wurde gekauft, ausgebaut und für die lange Reise tauglich gemacht. Zunächst lief alles gut bis wir an die syrische Grenze kamen. Wenige Tage vorher hatten die arabischen Staaten die diplomatischen Beziehungen mit der Bundesrepublik Deutschland abgebrochen wegen der diplomatischen Anerkennung Israels.

Die syrischen Grenzbeamten hatten unser ganzes Auto durchwühlt und dann doch noch einen israelischen Reiseführer gefunden. Die Zornesröte stieg in ihren Gesichtern. Sie schrieben uns alle arabischen Visa ungültig und schickten uns zurück in die Türkei. So saßen wir dann am Straßenrand. Uns war zum Heulen. Über Umwege kamen wir dann doch noch nach Israel. Doch Ostjerusalem war uns verschlossen und viele andere Sehenswürdigkeiten, die wir in Syrien und Jordanien aufsuchen wollten.

So war es ein besonderes Erlebnis, als wir 1998 mit unseren Ehefrauen die Möglichkeit hatten, all das nachzuholen, was uns damals verwehrt war.

Diese Israelreise 1965 war der Anfang engerer Gemeinschaft. Uns verband die Sehnsucht nach verbindlichem geistlichem Leben. Im Verband der Gemeinschaften in Schleswig-Holstein tat sich damals eine Tür auf. Willi sollte die Möglichkeit bekommen, in der Predigerschaft und Gemeinschaftsarbeit diese geistlichen Impulse einzubringen. So kamen Barbara und Willi nach Itzehoe. Es entstand die Basisgruppenarbeit und viermal im Jahr stattfindende Wochenenden der Stille.

Mein Arbeitsbereich war damals Hamburg-Altona und damit an der Grenze zu Schleswig-Holstein, jung verheiratet mit Rosemarie. Erste Begegnungen fanden in Uetersen statt, zusammen mit dem Ehepaar Vera und Edgar Tessmann, damals Prediger im Verband der Gemeinschaften in Schleswig-Holstein. Wir fuhren gemeinsam zu Einkehrtagen nach Schloß Craheim und ließen uns inspirieren von Wilhard Becker von der Ruferbewegung. Auch suchten wir Anregungen und Hilfen in einem Gespräch mit dem Domprobst Groß in Ratzeburg, der zur Michaelisbruderschaft gehörte. Besondere Zeiten waren die Einkehrtage in Hermannsburg und Gespräche mit Dr. Reinhard Deichgräber.

Inzwischen waren aus Ehepaaren Familien geworden. Wir hatten 1971 eine Berufung in den Gemeinschaftsverband nach Schleswig-Holstein angenommen und wohnten in Rendsburg. Unsere Kinder hatten es besonders genossen, am „Predigersonntag", dem dienstfreien Montag, sich in Itzehoe oder Rendsburg oder in freier Natur zu treffen. Gemeinsame Picknicks, Spaziergänge, Gespräche und das gemeinsame Gebet waren wesentliche Elemente unserer Gemeinschaft.

Dann kam alles anders. Willi und Barbara nahmen eine Berufung des Lebenszentrums Adelshofen an. Tessmanns waren vorher schon aus unserer Lebensgemeinschaft ausgeschieden und nun sollten wir allein im Norden übrig bleiben.

Sollte das das Ende verbindlicher Lebensgemeinschaft sein? Doch Gott tat eine neue Tür auf. Das kommunitäre Leben der Frauen und Männer in Lebenszentrum Adelshofen war schon manchen Ehepaaren und Familien Anstoß, etwas ähnliches anzufangen. Das also sollte der Impuls werden zu einem Neuanfang verbindlicher Lebensgemeinschaft in der Familiengemeinschaft Adelshofen.

Inzwischen sind Jahre vergangen. Die Aufgabenbereiche sind verschieden und doch verbindet uns über viele Kilometer hinweg die geistliche Lebensführung. Willi war immer der, der erfüllt von Inspiration voranging. Wir waren ihm ein Gegenüber zur Hilfe und Korrektur. Uns verband mehr als eine Freundschaft, es war geistliche Bruderschaft auf dem gemeinsamen Weg, den Gott uns führte.

Siegfried und Rosemarie Klein

Margrit Fischer

Es war Anfang der siebziger Jahre. Wir waren als Diakonenehepaar in Neumünster tätig. In unserem Herzen bewegten wir, bedingt durch unsere Ausbildung an der Bibelschule Adelshofen, den Gedanken vom verbindlichen Leben mit anderen Glaubenden. Aber, egal wo wir es ansprachen, wir stießen auf Desinteresse oder Ablehnung. Wir waren recht traurig und wollten diesen Gedanken schon fast als nicht praktikabel aufgeben.

In der Gemeinschaft war zu der Zeit Siegfried Klein als Prediger. Über die Allianz hatten er und Gerd losen Kontakt. So lud er uns zu einer Bibelwoche ein, die ein gewisser Willi Faix halten sollte. Einen Abend konnten wir uns frei machen und waren dort.

Wie haben wir gestaunt und uns von Herzen gefreut. Der Mann brachte dieselben Gedanken, wie sie uns bewegten. Wir schauten uns immer wieder zwischendurch an. Es tat uns einfach gut, zu spüren, andere bewegen diese Gedanken auch.

Ich glaube, es war der Abend, an dem wir uns entschieden, unsere Wünsche und Träume nicht aufzugeben. Es gab ein kurzes Gespräch miteinander, ohne konkrete Reaktion. Aber wir hielten jetzt, trotz scheinbarer Unerfüllbarkeit unserer Wünsche, an unseren Träumen fest.

1978 - 1980 begannen sich durch Gottes Wegführungen diese Träume zu verwirklichen, mit dabei waren die Familien Siegfried Klein und Willi Faix.

Unsere Beziehung wurde wirklich "verbindlich" miteinander. In einer Situation machte es sich besonders bemerkbar. Gerd war seit Jahren sehr krank. Aber plötzlich kam es zu einer erneuten lebensbedrohenden Krise: Eine Herzklappe musste erneuert werden. Bei seiner angeschlagenen Gesundheit war das eine große Belastung. In dieser Zeit machten sich Barbara, Willi und Wolfgang Sauer aus Adelshofen nach Kiel auf den Weg, "nur" um über Gerd zu beten. Es hat uns sehr gestärkt und uns wurde Freundschaft und Verbindlichkeit ganz konkret als Kostbarkeit bewusst.

So grüße ich Dich und Deine Frau ganz herzlich
Margrit Fischer

Gudrun und Karlheinz Schmidt

Gudrun und ich gehören seit 10 Jahren zur Familiengemeinschaft, die vor 20 Jahren von Willi mitbegründet wurde. Willi und Barbara waren auch unser erster Kontakt zur FG. Und seit unserer Zugehörigkeit lernen wir Willi immer besser kennen und immer mehr schätzen.

Es hat uns sehr beeindruckt, als er einmal aus seinem Leben erzählte und dabei äußerte: "Ich bin von Geburt an gläubig." Wir nahmen es ihm sofort ab. Eine tiefe und innige Liebe zu Jesus und zum Wort Gottes zeichnet ihn aus.
Bei den - in der frommen Welt - immer wiederkehrenden Diskussionen zur Notwendigkeit eines "Bekehrungs-erlebnisses" ist Willi für uns immer ein Beispiel dafür, wie individuell Gott mit seinen Kindern umgeht.

Was seinen Dienst angeht, so haben wir ihn als einen erlebt, der mit "full power" im Dienst steht und alles gibt, aber trotzdem nicht den Eindruck eines gehetzten, gestressten und getriebenen Menschen macht. Wir staunen immer wieder, wie Willi es schafft das zu schaffen, was dran ist. Ein wesentlicher Grund dafür ist aus unserer Sicht, dass er aus der "Quelle des Lebens" immer wieder neue Kraft bezieht.

Er hat uns auch klar gemacht, wie wichtig eine "Zeit der Stille" ist und hat die Zeiten der Stille in der Familiengemeinschaft eingeführt und geprägt. Wir sind froh, Willi zu kennen und von ihm und seinem Leben lernen zu dürfen.

Wir wünschen ihm, dass er in seiner Echtheit, Lebensfreude und Schaffenskraft noch sehr, sehr lang ein Segen sein kann. Gott möge es ihm reichlich lohnen.

Herzliche Grüße
Gudrun und Karlheinz

Anne-Käthi und Kuno Kallnbach

Lieber Willi,

unsere herzlichsten Glück- und Segenswünsche begleiten Dich zum 60. Geburtstag und in ein neues Jahrzehnt. Es ist für uns ein Glück, daß wir Dir und Deiner Familie begegnet sind und Eure Begleitung über fast zwei Jahrzehnte erfahren haben. Glück im Sinne von Gelingen: Gott hat Dich uns geschenkt, damit vieles in unserem Leben gelingen konnte.Als wir uns vor knapp zwanzig Jahren kennenlernten, hatten wir unsere erste Dienststelle übernommen. Wir sehnten uns nach Seelsorge, Austausch und Beratung. Zwei Adelshofener Schwestern haben uns von der Familiengemeinschaft berichtet. Im Dezember 1981 trafen wir uns erstmals. Bald wurden wir in die Familiengemeinschaft aufgenommen und haben ca. zwölf intensive Jahre der Lebens- und Dienstgemeinschaft erlebt. Die Mischung aus räumlicher Distanz (150 bis 300 km), geistlicher Tiefe und persönlicher Nähe war für uns in dieser Phase genau das Richtige.

Unter folgenden Gesichtspunkten will ich das, was Du und Barbara zum Gelingen unseres Lebens beigetragen haben, entfalten:

1. Seelsorge, Beratung und Beichte

In unserer Ehe gab es - insbesondere in der Anfangsphase - einige Probleme zu bear-beiten. Euch gegenüber konnten wir uns öffnen; Ihr hörtet zu. Wir fühlten uns verstanden, konnten Korrekturen annehmen und wurden ermutigt, uns gegenseitig anzunehmen und unsere Ehe in der Spannung von Liebes- und Dienstgemeinschaft gestalten zu lernen. Lebensgeschichtliche Prägungen konnten aufgearbeitet und verdaut werden: was tat das gut. Dankeschön! Oftmals konnte ich bei Dir, Willi, mein Sünder-Sein mit konkreten Sünden bejahen (beichten - beichten) und dadurch die zugesprochene Vergebung glauben und erfahren. Wie oft konnten wir über meinen Dienst als Prediger und Inspektor reden, Situatio-nen, Menschen, Vorgehensweisen reflektieren, Strategien durchsprechen. Da hat eine Form von Beratung stattgefunden, was andere Supervision nennen. Hier ist mir Deine Erfahrung, Dein Weitblick für das Reich Gottes, Dein Einfühlen in Einzelschicksale und Gruppenzusammenhänge (und auch -zwänge) zugute gekommen. Herzlichen Dank!

Deine umfassende Bildung in Psychologie und Seelsorge, in Gruppen- und Familien-pädagogik ist erstaunlich; Deine Ideen und Erfahrungen in Teamarbeit waren immer mit biblisch-theologischen Grundlagen bedacht, von Erfahrungswissen-schaften re-flektiert und aus persönlichen Erlebnissen geläutert. Das gab eine nüchterne und ermutigende Mischung für die Praxis, frei von dogmatischem Überbau.

2. Theologische Kompetenz

Über Dein theologisches Wissen und breit angelegte Belesenheit habe ich oft gestaunt. Es hat mich ermutigt, an theologischen Fragen dran zu bleiben und weiter-zuarbeiten. Da ist einmal Deine profunde Kenntnis aus der Exegese; die Einblikke in verschiedene Auslegungsschulen, die Hermeneutik, aber auch die älteren und neueren Dogmatiken und Ethiken sind Dir vertraut. Die Kirchengeschichte - insbesondere die des Pietismus - war immer präsent. Unsere Gespräche über Bekenntnisbewegung und charismatische Bewegungen waren immer aufschlußreich. Stets warst Du bestens informiert, persönlich engagiert, oft betroffen über negative Entwicklungen. Apologetik ist Dir vertraut. Es entspricht nicht Deinem Charakter, zu apologetisieren, aber Du kannst auch auf Grenzen und Fehlentwicklungen hinweisen. Bei Dir begegnet mir ein Wissen, das nicht aufbläht, sondern dem Aufbau der Gemeinde Jesu dient!

3. Gemeindeaufbau und geistliches Leben

Du kennst fast alle Entwicklungen aus der weltweiten Gemeindewachstums-Bewegung sowie aus vielen charismatischen Richtungen. Bei Dir habe ich zuerst von der Idee gehört, die inhaltlichen Schwerpunkt-Themen aus der Gemeindewachstums-Bewegung aufzulisten und anhand dieser Fragestellung eigene Positionen zu entwickeln und kritische Rückfragen an die verschiedenen Ansätze zu stellen. Deine Konzeption ist in der Praxis zwar sehr erfolgreich gewesen - aber leider nie zu einem "Renner" in Deutschland geworden. - Das ARKANUM als Mitte und Ausgangspunkt der Gemeindeaufbau-Konzeption gibt Deiner Idee eine besondere Note. Sie verbindet das geistliche Leben mit pragmatischen Strategien und bleibt eine dauerhafte Herausforderung und Kriterium für alle Entwicklungen und Konzeptionen aus dem Raum der Gemeindeaufbau-Bewegung. Deine Anregungen zur Gemeindepädagogik waren gespeist aus eigenen Erfahrungen und der Beschäftigung mit pädagogischer Literatur. Gemeinde hast Du immer auch als Ort der Erziehung verstanden, in der leitungsverantwortliche Mitarbeiterinnen und Mitarbeiter die Persönlichkeitsentwicklung des einzelnen ins Blickfeld bekommen sollten.

Zum Schluß möchte ich noch erwähnen, daß Du all' die vielen Einsätze und Studienzeiten nur mit Deiner "Traumfrau" Barbara hast verwirklichen können. Sie hat Deinen Dienst immer voll unterstützt und ist Dir ein mutmachendes (manchmal auch kritisches) Gegenüber, gerade weil sie so ganz anders ist. Danke, daß wir von den Früchten Eures gemeinsamen Lebens genießen durften. Gott segne Euch weiterhin!

Eure
Anne-Käthi und Kuno

LEHRE: wissenschaftliche Beiträge von Kollegen und Weggefährten

Gegenstand und Methode der praktischen Theologie: Thesen aus evangelikaler Sicht.
Prof. Dr. Helge Stadelmann

Verhältnisbestimmung von Theologie und Praxis

1 .Der christliche Glaube und seine Lebensäußerungen beginnen nicht mit Theologie, sondern mit Gottes Offenbarung, wie sie uns in Gestalt des Wortes Heiliger Schrift in aller zum Heil nötigen Klarheit gegeben ist und sich in einem pneumatischen Geschehen bei der Lektüre oder anlässlich der Kommunikation des Biblischen Wortes beim Empfänger durchsetzt.

2 . Dieses Wort ist *Creatura Dei*, d.h. in seiner geschöpflichen Dimension als Menschenwort ist es in der sprachlich-geschichtlichen Gestalt und Klarheit seines Literalsinns der wahrnehmenden Erkenntnis des Menschen zugänglich; und zugleich partizipiert es als Gotteswort in seiner Ganzheit an der Vollkommenheit Gottes, seiner Autorität, Wahrheit und

Mächtigkeit, mit der sich der dreieine Gott durch den Glauben den neuen Menschen und seine Gemeinde schafft und erhält.[1]

3 . Theologie ist im Kern Reflexion über dieses Wort Gottes. Diese Reflexion ist durch die vielfältigen Herausforderungen und Erfordernisse der individuellen und kirchlichen Praxis veranlasst[2]. Zugleich ist Theologie als Reflexionsvorgang und Reflexionsergebnis kein Ziel in sich selbst. Theologie zielt vielmehr auf biblisch verantwortete Klärungen für die Lebensvollzüge des Individuums und der Kirche. Theologie geschieht angesichts ihres Gegenstands in Gottesfurcht. Die Legitimität einer Theologie bemisst sich dabei an ihrer Übereinstimmung mit dem biblischen Wort. Als höchstes Ziel geschieht sie zur Ehre Gottes. Die Wissenschaftlichkeit einer Theologie bemisst sich zugleich an der Sachgemäßheit ihrer Methoden, Axiome und Konklusionen sowie an der subjektiven und intersubjekti-

---

[1] Dieses Verständnis des Bibelwortes als *creatura dei* und *creatura dei* reflektiert das zentrale Element des Schriftverständnisses Martin Luthers, der aus der Menschlichkeit der Schrift nicht ihre Fehlbarkeit, sondern ihre Auslegbarkeit nach dem Literalsinn ableitete, und angesichts ihrer Göttlichkeit ihre Autorität und uneingeschränkte Wahrheit gelten und von daher jede Kritik an Gottes Wort zurückwies. Dieses reformatorische Schriftverständnis anhand sorgfältiger Quellenanalysen gegen die neulutherische Vereinnahmung des Reformators für eine gemäßigte Bibelkritik herausgearbeitet zu haben, ist das Verdienst von Armin Buchholz, *Schrift Gottes im Lehrstreit: Luthers Schriftverständnis und Schriftauslegung in seinen drei großen Lehrstreitigkeiten der Jahre 1521-28*, Europäische Hochschulschriften XXIII/487, Frankfurt / Bern: P.Lang, 1993, 275 S.

[2] Die Lehrbildungen geschahen im Lauf der Theologiegeschichte in der Regel veranlasst durch aktuelle Herausforderungen. - Auch bei Luther sind die Herausforderungen der Praxis für die Theologiebildung deutlich, vgl. *WA Ti* 1.146: "Ich hab mein theologiam nit auff ein mal gelernt, sondern hab ymmer tieffer und tieffer grubeln mussen, da haben mich meine tentationes hin bracht, quia sine usu non potest disci. Das feylet den schwermern vnd rotten auch, das sie den rechten widersprecher nit haben, den Teuffel, der lernt es einen wol... Sine practica kan niemandt gelert sein."

ven Sachkompetenz dessen, der Theologie betreibt.[3] Theologie erweist sich damit als eine theonome, biblisch fundierte und normierte wissenschaftliche Theorie zwischen Praxis und Praxis.

Theologie und Praktische Theologie

4 . Praktische Theologie ist eine Teildisziplin der Theologie. Als solche hat sie sich im Lauf des 19.Jahrhunderts an deutschen Universitäten entwickelt und seither weltweit durchgesetzt.[4] Im Unterschied zu ihrer Vorgängerdisziplin, der Pastoraltheologie, erhebt sie theologisch-wissenschaftlichen Anspruch, erschöpft sich also nicht in pragmatischen Ratschlägen für die *praxis pietatis* und *praxis pastoralis*. Zugleich ist aktuell der theologische Charakter der Praktischen Theologie festzuhalten gegenüber einer Tendenz zu ihrer Auflösung in

---

[3] Zu den Kriterien der Wissenschaftlichkeit der Theologie vgl. den Aufsatz von S.Findeisen, "Was ist Wissenschaft?", *Jahrbuch für Evangelikale Theologie*, 4 (1990):107ff. Als Kriterien benennt er 1. Die Übereinstimmung der Sache mit dem Denken über die Sache (Sachgemäßheit des Denkens); 2. Die Klärung der Grundlagen, welche die Übereinstimmung der Sache und des Bedenkens der Sache voraussetzt (Grundlagenklärung des Denkens); 3. Die Bereitschaft, sich die Grundlage des Denkens von der Sache her geben und die eigenen Voraussetzungen in Frage stellen zu lassen (Grundlagenkritik des Denkens); 4. Die Befähigung, über die Sachgemäßheit des Zugangs, der Kenntnisse, der Begrifflichkeit, usw., Rechenschaft zu geben (Subjektive Sachkompetenz); 5. Die Ermöglichung, dies für jeden dazu von der Sache her Befähigten nachzuvollziehen und nachzuprüfen (Intersubjektive Sachkompetenz).

[4] Die Geschichte der Praktischen Theologie ist nun hervorragend dargestellt in *Geschichte der Praktischen Theologie: Dargestellt anhand ihrer Klassiker*, hg. Chr.Grethlein / M.Meyer-Blanck, Leipzig: Evang. Verlagsanstalt, 2000, 642 S.; nützlich als Quellensammlung ist nach wie vor *Praktische Theologie: Texte zum Werden und Selbstverständnis der Praktischen Disziplin der Evangelischen Theologie*, hg. G.Krause, Wege der Forschung 264, Darmstadt: Wiss. Buchgesellschaft, 1972, 509 S.

bloße Sozialwissenschaft im kirchlichen Kontext hinein.[5] Es gilt den Primat des Theologischen in der Praktischen Theologie zu wahren. Es gilt aber ebenso, bei aller Wissenschaftlichkeit den Praxisbezug der Praktischen Theologie zu wahren.[6]

5 . Praktische Theologie ist die theologische Theorie der Praxis der Gemeinde. Es ist zu begrüßen, dass sich die Praktische Theologie vom pastoralen zum ekklesialen Paradigma hin entwickelt hat.[7] Praktische Theologie reflektiert nicht nur den Dienst des Pastors. Eine solche Konzentration auf das Bedenken der Dienstpflichten des Pastors erwiese sich als ein Rückschritt hinter die reformatorische Wiederentdeckung des Allgemeinen Priestertums; solche Pfarrerzentriertheit bedeutete vor allem auch eine Engführung im Vergleich zur Betonung und Vielfalt von Gemeinde im Neuen Testament. Die Gemeinde als ganze und in ihren Gliedern ist das Subjekt des vielfältigen Handelns auf den verschiedenen Feldern des Gemeindebaus.[8]

---

[5] Nachdem die Praktische Theologie unter dem Einfluss der Dialektischen Theologie von den 20er bis zu den 50er Jahren des 20.Jhd. auf Kosten der Praxisnähe stark theologisch bestimmt war, brachte die ´Empirische Wende´ seit den 60er Jahren einen Pendelschlag hin zu einem Zustand, der nicht ganz ohne Recht als eine babylonische Gefangenschaft der Praktischen Theologie unter der Dominanz der Sozialwissenschaften beklagt werden kann.

[6] Hier scheint sich in den Praktisch-Theologischen Fachbereichen deutscher Universitäten teilweise nach wie vor das idealistischeWissenschaftsideal (Kant, Fichte, Humboldt) auszuwirken. Jedenfalls machen Lehrbücher der Praktischen Theologie (vgl. etwa diejenigen von Rössler oder Bloth) nicht immer den Eindruck, als könnten und wollten sie zur Praxis anleiten.

[7] Vgl. P.Bloth, *Praktische Theologie*, Stuttgart / Berlin / Köln: Kohlhammer, 1994, S.42ff.

[8] Diese zutreffende Erkenntnis, dass auf den praktisch-theologischen Handlungsfeldern die Kirche Subjekt gemeindlichen Han-

6 . Praktische Theologie schöpft damit aus der Theologie insgesamt, in die sie eingebettet ist. Sie bezieht ihre Grundlagen
aus der Basisarbeit der (exegetischen und systematischen)
Bibelwissenschaften. Sie versteht den Hintergrund der ihr auf-
getragenen aktuellen Situation durch die Kenntnis der Historischen Theologie. Sie arbeitet Hand in Hand mit der Missionswissenschaft als der Theorie des Gemeindebaus in säkularen,
fremdkulturellen und fremdreligiösen Kontexten.

Praktische Theologie und Ekklesiologie

7 . Als theologische Theorie der Praxis der Gemeinde bedarf
die Praktische Theologie für ihre Arbeit ekklesiologischer Prolegomena.[9] Ohne deutliche Vorstellungen davon, was `Ge-
meinde´ nach dem Neuen Testament war und sein soll, ist es
unmöglich, theologisch legitime Handlungsanweisungen für
die Praxis der Gemeinde heute zu geben. Es gehört daher zur
Grundlagenklärung praktisch-theologischer Arbeit, dass sie im
Rückgriff auf exegetische und systematische Vorarbeiten zu
einem ekklesialen Paradigma kommt, das die biblischen Vorgaben zum Thema `Gemeinde´ unverstellt und umfassend in
den Blick nimmt und sich hermeneutisch Rechenschaft gibt,

---

delns und nicht einfach Objekt pastoralen Handelns ist, hat sich schon seit
F.D.E.Schleiermacher, C.I.Nitzsch und Th.Harnack in der sich im 19.Jhd.
entwickelnden Praktischen Theologie durchgesetzt.

[9] Dies hat bereits Mitte der 80er Jahre E.Hübner, *Theologie und
Empirie der Kirche: Prolegomena zur Praktischen Theologie*, Neukirchen-
Vluyn, 1985, erkannt und sich der Entwicklung ekklesiologischer Prolegomena für die Praktische Theologie (wenn auch m.E. in noch nicht zufrieden-
stellender Weise) gewidmet. - Vgl. zur Problemanzeige und Einarbeitung in
die Thematik auch meinen Beitrag: H.Stadelmann, "The Need for Ecclesiological Prolegomena in the Pursuit of Practical Theology", *Trinity Journal*, 19
NS (1998):219-233.

was diese Vorgaben grundsätzlich für die je aktuelle Situation des Gemeindebaus bedeuten.[10]

8 . Es gehört seit langem zu den Defiziten protestantischer Praktischer Theologie aller Couleur, dass sie die ekklesiologische Grundlegung ihrer Arbeit allzu sehr vernachlässigt hat.[11] An der Schwelle zum 21.Jahrhundert mit seinen schon begonnenen und noch zu erwartenden kirchlichen Umbrüchen am

---

[10] Vorarbeiten dazu sucht der Sammelband zu geben: *Bausteine zur Erneuerung der Kirche: Gemeindebau auf der Basis einer biblisch erneuerten Ekklesiologie*, hg. H.Stadelmann, Gießen: Brunnen, 1998, 329 S.

[11] Dies mag kein Zufall sein, vielmehr scheint Luther und mit ihm die Reformation eine neutestamentliche Ekklesiologie nicht mit der gleichen Konsequenz herausgearbeitet zu haben, wie etwa eine schriftgemäße Soteriologie. Bernhard Lohse weist zu Recht darauf hin: "Aus dem reformatorischen Schriftprinzip wird nicht gefolgert, daß die Kirchenordnung ganz dem Vorbild des Neuen Testaments zu folgen hat. Vielmehr können diejenigen Riten beibehalten werden, die ohne Sünde beobachtet werden können und die für die gute Ordnung in der Kirche nützlich sind. Abgeschafft werden sollen nur diejenigen, die dem Evangelium entgegen sind", *TRE* IV (1979):623. Die ekklesiologischen Artikel der *Confessio Augustana* (Art. VII, VIII, XV, XXIV) sind aus Rücksicht auf die Römische Kirche - angesichts der 1530 noch laufenden Einigungsbemühungen - äußerst zurückhaltend gefasst. Die Ekklesiologie der *C.A.* wurde aber bald zur Lehrnorm, unter Rückbezug auf welche die Wittenberger bereits 1532 die Bemühungen der Homberger Kirchenordnung für Hessen zurückwiesen, eine strikter aus dem Neuen Testament entwickelte Gemeindeordnung einzuführen. Rechte Wortverkündigung und Sakramentsverwaltung genügte für Luther als Kennzeichnung von Kirche (vgl. *W.A.* 6.301: "Die zeichen, da bey man eusserlich mercken kann, wo die selb kirch in der welt ist, sein die teuff, sacrament und das Evangelion, unnd nit Rom, disz odder der ort. Dan wo die tauff und das Evangelion ist, da sol niemand zweifeln, es seyn heyligen da, und soltens gleich eytel kind in der wigen seyn"). - Einen bemerkenswerten Fortschritt angesichts dieses protestantischen Defizits brachte die *Barmer Erklärung*, die in Art. III nicht nur die `Botschaft´, sondern auch die `Ordnung´ der Kirche menschlicher Verfügbarkeit entzog und zum Gegenstand ihres Bekennens machte.

71

Ende des konstantinischen Zeitalters in Europa[12] ist deutlich, dass Praktische Theologie der Arbeit an ihren ekklesiologischen Prolegomena Vorrang geben muss, wenn sie ihren künftigen Aufgaben theologisch gerecht werden will.

9. Praktische Theologie, die das reformatorische *sola scriptura* als entscheidenden Bezugspunkt alles Theologisierens ernst nimmt, muss - ggf. über die Reformatoren hinaus - die Schriftnorm konsequent auch für den Bereich der Ekklesiologie und deren Umsetzung in den Praxisfeldern des Gemeindebaus gelten lassen. So trägt sie mit ihrem reformbereiten Bedenken vorfindlicher Gemeindepraxis in der Tat zum Bau der *ekklesia semper reformanda* bei. Aufgabe der Praktischen Theologie ist nicht die Fortschreibung kirchlicher Traditionen oder die theologische Rechtfertigung bestehender ekklesialer Verhältnisse.[13] Aufgabe der Praktischen Theologie ist vielmehr das analytische und kritische Bedenken vorfindlicher Gemeindepraxis im Licht der biblischen Evidenz mit dem Ziel, Handlungsanweisungen für eine verbesserte Praxis auf den verschiedenen Handlungsfeldern des Gemeindebaus zu geben.

Definition und Methode(n) Praktischer Theologie

---

[12] Die gegenwärtig sich zeigende kirchliche Umbruchsituation am Ende des konstantinischen Zeitalters und ihre Auswirkungen auf die Volkskirche ist gut berücksichtigt in der vom Theologischen Ausschuss der EKU mit verantworteten Studie *Modell Volkskirche: Kritik und Perspektiven*, hg. W.Hüffmeier, Bielefeld: Luther-Verlag, 1995, aber auch bei E.Winkler, *Gemeinde zwischen Volkskirche und Diaspora: Eine Einführung in die praktisch-theologische Kybernetik*, Neukirchen-Vluyn: Neukirchener, 1998.

[13] Die von E.Hübner entwickelten ekklesiologischen Prolegomena (s.o.) tendieren m.E. noch zu sehr in diese Richtung.

10. Die Forschungs- und Lehraufgabe Praktischer Theologie lässt sich wie folgt definieren: Praktische Theologie ist als eine Handlungswissenschaft *sui generis* die biblisch normierte Theorie des kirchlichen Handelns zum Aufbau der Gemeinde, die vorfindliche Praxis auf den verschiedenen Handlungsfeldern analysiert und durch ihre Handlungsanweisungen zu einer qualitativ besseren Praxis anleitet.[14]

11. Hatten bereits die Reformation (Luther) und der Pietismus (Spener) die Theologie in Anknüpfung an die in der Scholastik aufgenommene aristotelische Unterscheidung von `spekulativer´ und `praktischer´ Wissenschaft[15] als eine eminent praktische Wissenschaft (*scientia eminens practica*) bezeichnet und damit ihren Praxisbezug betont[16], gilt für die Praktische Theo-

---

[14] Vgl. dazu die folgenden Definitionen: (1) "Die Praktische Theologie erörtert kritisch und konstruktiv den aktuellen Aspekt derjenigen Handlungen, Einrichtungen und Beziehungen, in denen lebend eine gegebene christliche Kirche ihre Mission, Kirche Gottes für die Menschen ihrer Gegenwart zu sein, entweder wahrnehmen oder preisgeben wird", J.Henkys, *Handbuch der Praktischen Theologie*, Bd.1, Berlin: Evang. Verlagsanstalt, 1975, S.14. (2) Der Begriff `Praktische Theologie´ dient zur Bezeichnung der theologischen Beschäftigung mit den Lebensäußerungen der Kirche und den Tätigkeiten der Funktionsträger", D.Rössler in *Praktische Theologie*, hg. F.Wintzer, 3.Aufl., Neukirchen-Vluyn, 1990, S.1. (3) "Praktische Theologie ist die Lehre von der Mitteilung des Evangeliums", E.Winkler, *Praktische Theologie elementar*, Neukirchen-Vluyn, 1997, S.13.

[15] Nach Thomas v.Aquin, *Summa Theologiae*, 1.1.4, ist die Theologie noch eine "scientia magis speculativa quam practica".

[16] Nach Luther, *W.A. Ti* 1.72, gilt: "Vera theologia est practica, et fundamentum ejus est Christus, cuius mors fide apprehenditur. Omnes autem hodie, qui non sentiunt nobiscum et non habent doctrinam nostram, faciunt eam speculativam". Und für Ph.J.Spener bedarf es einer mit geistlicher Praxis verbundenen Theologie als "habitus practicus", damit Theologie nicht zur "philosophia de rebus sacris" verkommt (*Umkehr in die Zukunft: Reformprogramm des Pietismus - Pia Desideria*, neu hg. von E.Beyreuther, 3.Aufl. [1.Aufl. 1675], Gießen: Brunnen, 1983, S.69 + 75).

logie diese Praxisorientierung in Forschung und Lehre in besonderem Maße. Sie ist Handlungswissenschaft[17], indem sie vorfindliche Praxis auf verschiedenen Handlungsfeldern wissenschaftlich analysiert und bewertet und auf dieser Basis Handlungsanweisungen für eine mögliche Praxis intendiert. Die Analyse und Bewertung vorfindlicher Praxis zwecks der Eröffnung möglicher Praxis geschieht allerdings nicht nur und vorrangig auf empirischer Basis, sondern zugleich wesentlich auf theologischer Basis.

12. Der erste Schritt praktisch-theologischer Methodik[18] ist die exakte Analyse vorfindlicher Praxis der Gemeinde auf einem ihrer Handlungsfelder. Allein schon dieser erste Methodenschritt kann - je nach Gegenstand - ein ganzes Spektrum methodischer Einzelkompetenzen vom Praktischen Theologen erfordern. Erforderlich ist immer die theologische Analyse: welche Theologie drückt sich in der vorfindlichen Praxis aus?

---

[17] Zum Begriff Handlungswissenschaft, der sich im Anschluss an H.Schelsky (*Einsamkeit und Freiheit: Idee und Gestalt der deutschen Universität und ihrer Reformen*, Rowohlts deutsche Enzyklopädie Bd.171/172, Hamburg: Rowohlt, 1963, S.283) durchgesetzt hat, vgl. G.Krause, "Probleme der Praktischen Theologie im Rahmen der Studienreform" [zuerst: *ZThK* 64/1967, S.474ff] in: *Praktische Theologie: Texte zum Werden und Selbstverständnis*, hg. ders., Darmstadt: Wiss. Buchgesellschaft, 1972, S.430f: Der Begriff `Handlungswissenschaft´ lege sich als Bezeichnung für die Praktische Theologie "nicht nur nahe, weil er in ihrem Namen gleichsam schon enthalten ist, sondern vor allem deshalb, weil er in seiner heutigen Verwendung nicht die Eigentümlichkeit der Praxis von vornherein festlegt, etwa als `Begegnung´, und darum einem theologischen Gebrauch, der das Verhältnis des Handelns der Kirche zum Handeln Gottes zu bedenken hätte, offensteht".

[18] Die drei methodischen Grundschritte Praktischer Theologie, wie ich sie sehe, finden sich bereits näher ausgeführt in meinem Beitrag: H.Stadelmann, "The Need for Ecclesiological Prolegomena in the Pursuit of Practical Theology", *Trinity Journal*, 19 NS (1998):222-230.

Wie begründet sich diese Praxis? Hilfreich ist häufig auch die historische Analyse: Wie ist es dazu gekommen? Welche Entscheidungen in der Vergangenheit haben zu dieser Praxis geführt? Auch sozialwissenschaftliche bzw. humanwissenschaftliche Methoden und Kenntnisse können zur exakten Analyse vorfindlicher Wirklichkeit nützlich sein: Methoden der empirischen und qualitativen Sozialforschung; kommunikationswissenschaftliche, kulturanthropologische, musikwissenschaftliche, (entwicklungs-)psychologische, psychopathologische, psychotherapeutische, medizinische oder auch betriebswirtschaftlich-organisationstheoretische sowie pädagogische Grund- bzw. Methodenkenntnisse können - je nach Fall - zum Erfassen von Wirklichkeit auf einem der Praxisfelder des Gemeindebaus dienen.[19] Bei solchen interdisziplinären Anleihen werden Teilgebiete verschiedener Wissenschaften gewissermaßen zu Hilfswissenschaften der Praktischen Theologie. Deren Voraussetzungen und Methoden sind ihrerseits aber wieder der theologischen Beurteilung zu unterziehen, um jeweils in praktisch-theologischer Verantwortung sachgemäß und nicht sach-widrig vorzugehen.

13. Der zweite Schritt praktisch-theologischer Methodik ist die Bewertung vorfindlicher Praxis unter der Fragestellung, wie es

---

[19] Evangelikale Theologie tut sich - in unterschiedlichem Maße - schwer mit der sachlich ruhigen Bewertung und partiellen Rezeption solcher Methoden. Während das Heranziehen pädagogischer Einsichten für die katechetische Aufgabe der Kirche weithin unbestritten ist (wobei ja auch hier der jeweilige Ideologieanteil einer päd. Methodik zu prüfen ist), hat es bis in die jüngste Vergangenheit manchen Streit gegeben über die Legitimität der Einbeziehung von Rhetorik in die Homiletik, von psychotherapeutischen Einsichten in die Seelsorge sowie von Managementtheorien in die gemeindliche Kybernetik bzw. in die Evangelistik, usw. Tatsächlich gilt auch für solche Methoden der apostolische Grundsatz [1Thess 5,21], alles zu prüfen und das Gute zu behalten.

zu einer qualitativ besseren Praxis kommen könne. Die Beurteilung, was eine `qualitativ bessere Praxis´ sei, ist - wie gleich noch näher auszuführen sein wird - zunächst wesentlich eine theologische Fragestellung. Jede Verbesserung von Praxis hat aber auch ihre irdisch-geschöpfliche Seite. Deshalb werden Verbesserungen auch hinsichtlich ihrer organisatorischen, kommunikativen, therapeutischen, pädagogischen, usw., Dimensionen praktisch-theologisch mit bedacht werden können und müssen.

14. Die Forderung nach qualitativer Verbesserung wirft die Frage nach dem Standard auf, anhand dessen beurteilt werden kann, was qualitativ besser oder schlechter ist. Qualität ist nicht von vornherein etwas Selbstverständliches oder Absolutes. Ihre Bestimmung kann auch nicht dem subjektiven Urteil oder Geschmack des Einzelnen überlassen werden. Ohne Qualitätsstandard lässt sich nicht bestimmen, welche Aktionen, Beziehungen oder Institutionen ein höheres oder niederes Maß an Qualität aufweisen. Qualität ist also in jedem Fall an einer legitimen Norm zu messen.[20] Die Norm für die Qualität konkreter Gemeindepraxis kann nicht der Erfolg sein. Dass etwas erfolgreich funktioniert oder managementtheoretisch erfolgversprechend ist, heißt noch nicht, dass es praktisch-theologisch als erstrebenswert zu beurteilen ist. Die Norm für

---

[20] In der Industrie, inzwischen aber auch etwa in der Diakonie, ist es heute selbstverständlich, durch Qualitätsmanagement optimal effektiv mit Resourcen umzugehen. Längst hat sich hier die Einsicht durchgesetzt, dass Qualität nur in Relation zu Normen (etwa der Industrie-Normenfamilie ISO 9000) bestimmt werden kann und nur auf dieser Basis Zertifizierungen von Betrieben mit hoher Qualität möglich sind. - Zur Übertragbarkeit solcher Verfahren auf die Praktische Theologie vgl. die Diskussion bei Christian Pestel, *Qualitätsmanagement in der Gemeinde? Notwendigkeit und Grenzen qualitativer Maßstäbe als Steuerinstrumente der Gemeindeleitung*, Wiss. Hausarbeit, Gießen: Freie Theologische Akademie, 1997, 69 Seiten.

die Qualität konkreter Gemeindepraxis kann auch nicht die Tradition sein. Der Nachweis, dass etwas ursprünglich bzw. geschichtlich in einer bestimmten Weise gehandhabt wurde, kann zunächst nur deskriptiven, nicht praeskriptiven Charakter haben. Die Norm für die Qualität konkreter Gemeindepraxis kann ebenso wenig in sozial-, human- oder wirtschaftswissenschaftlichen Erkenntnissen (usw.) liegen. Dass eine Handlung einer bestimmten rhetorischen, psychotherapeutischen, pädagogischen oder kulturanthropologischen Schulmeinung entspricht, besagt letztlich noch nichts über ihre praktisch-theologische Legitimität. Andererseits sind ergebnisorientierte, geschichtliche oder empirische Überlegungen keineswegs in sich illegitim oder wertlos in dem praktisch-theologischen Bemühen um qualitativ bessere Gemeindepraxis. Sie sind in dienender, hilfswissenschaftlicher Funktion hilfreich und nicht zu vernachlässigen, sind jedoch erst sekundäre und untergeordnete Gesichtspunkte. Solange der Primat des Theologischen auch für die Praktische Theologie gilt, können primär keine human- bzw. sozialwissenschaftlichen u.ä. Vorgaben in magisterialer Weise Qualitätsnorm für die Praxis der Gemeinde werden. Die Norm des praktisch-theologischen Urteils hinsichtlich der Qualität von Handlungen auf den Feldern des Gemeindebaus ist Gottes Offenbarung (über die Welt, den Menschen, die Sünde, das Heil u.ä.) in seinem Wort im allgemeinen sowie die neutestamentliche Ekklesiologie im besonderen. An diesem Maßstab sind alle Traditionen, Situationen, Projektionen und Methoden zu messen. An ihm entscheidet sich, was zu verbessernde schlechtere und was zu erstrebende bessere Qualität gemeindlicher Praxis ist.

15. Zugleich ist dieser Qualitätsstandard je in einem konkret gegebenen Kontext umzusetzen. Über die Jahrhunderte hin und in sich schnell verändernde Zeitausprägungen und Kultur-

zusammenhänge hinein soll(te) es zu einer jeweils optimalen schriftgemäßen Praxis kommen. Die Anwendung biblischer Vorgaben in aktuelle Kontexte hinein erfordert hermeneutische Vorüberlegungen. Praktische Theologie kann auf die Klärung ihrer hermeneutischen Prämissen nicht verzichten.[21] Ist die Heilige Schrift die allen Interpretations- und Applikationshorizonten vorgegebene, weil gottgegebene Norm, kann das hermeneutische Modell nicht das der Verschmelzung von biblischem Aussagehorizont und aktuellem Situationshorizont zu einer paritätischen Synthese aus beiden sein.[22] Die Kontextualisierung biblischer Aussagen, die zunächst in ihrem eigenen Aussagewillen zu verstehen sind, kann theologisch legitim nicht so aussehen, dass die Bibel als bloße `Tradition´ gleich-

---

[21] Hermeutik ist für den Praktischen Theologen eine zumindest ebenso relevante Disziplin, wie für den Bibelwissenschaftler; allerdings kann es für die Praktische Hermeneutik keine Sonderhermeneutik geben, sondern es geht um die immer gleiche Frage, wie der biblische Text das, was er sagen will, seinen heutigen Lesern bzw. Empfängern auch sagen kann. Es wäre wünschenswert, dass sich die Praktische Theologie wieder verstärkt in die hermeneutische Debatte einbringt; vgl. die Hermeneutik des Praktischen Theologen Kurt Frör, *Biblische Hermeneutik: Zur Schriftauslegung in Predigt und Unterricht*, 2.Aufl., München: Chr.Kaiser, 1964, sowie den Sammelband *Praktisch-Theologische Hermeneutik: Ansätze - Anregungen - Aufgaben*, hg. D.Zilleßen u.a., Rheinbach-Merzbach: CMZ, 1991.

[22] Es stellt sich die Frage, ob etwa die (sogleich zu nennende) Definition Praktischer Theologie von Dietrich Rössler auf dem Gadamer´schen hermeneutischen Modell der `Horizontverschmelzung´ ist: "Praktische Theologie ist die Verbindung von Grundsätzen der christlichen Überlieferung mit Einsichten der gegenwärtigen Erfahrung zu der wissenschaftlichen Theorie, die die Grundlage der Verantwortung für die geschichtliche Gestalt der Kirche und für das gemeinsame Leben der Christen in der Kirche bildet", D.Rössler, *Grundriß der Praktischen Theologie*, Berlin / New York: de Gruyter, 1986, S.3. Die Gefahr ist nicht von der Hand zu weisen, dass bei diesem hermeneutischen Ansatz sich die Praktische Theologie nicht allzu leicht ihres `reformatorischen´ Potentials begibt und weithin nur zur Gestaltung und Fortschreibung der jeweiligen `geschichtlichen Gestalt´ der Kirche dient.

gewichtig mit der aktuellen `Situation´ ins Gespräch gebracht wird[23], oder dass dem Kontext eine eigene Offenbarungsqualität als Gegenüber zur biblischen Offenbarung zugesprochen wird[24]. Kontextualisierung bedeutet, dass das biblische Wort dynamisch-äquivalent in die Situation der jeweiligen Kontexte hineinübersetzt wird.[25]

16. Der dritte Schritt praktisch-theologischer Methodik ist die Entwicklung von Handlungsanweisungen sowie die Vermittlung von Fähigkeiten zu entsprechendem Handeln. Auf der Basis theologischer Reflexion und unter Berücksichtigung sachdienlicher hilfswissenschaftlicher Erkenntnisse und her-

---

[23] Praktische Theologen sprechen dann gerne davon, dass die Aufgabe darin bestehe, die `Tradition´ mit der jeweiligen `Situation´ zu `versprechen´.

[24] In seiner missionstheologischen Dissertation hat Martin Hamel, *Bibel - Mission - Ökumene: Schriftverständnis und Schriftgebrauch in der neueren ökumenischen Missionstheologie*, Gießen / Basel: Brunnen, 1993, durchgehend auf diese Gefahr hingewiesen, dass in der Anwendung der Bibel in praktische Kontexte in der Mission hinein diesen Kontexten eine der Schrift nahezu gleichgeachtete Gewichtigkeit und Offenbarungsdignität zugesprochen wird, was umgekehrt zu einer Relativierung des Biblischen Wortes und zu einer Abweichung vom reformatorischen Schriftprinzip führt.

[25] Der hier aus der Missionswissenschaft übernommene Begriff der `Kontextualisierung´ sollte auch in die Praktische Theologie stärker eingeführt werden; vgl. D.J.Hesselgrave / E.Rommen, *Contextualization: Meanings, Methods, and Models*, 2.Aufl., Grand Rapids: Baker, 1992; C.Ott, "Die Kontextualisierung neutestamentlicher Ekklesiologie im Gemeindebau", in: *Bausteine zur Erneuerung der Kirche*, hg. H.Stadelmann, Gießen: Brunnen, 1998, S.220-246. - Der Begriff des `dynamisch-äquivalenten´ Kontextualisierens macht Anleihen an der Theorie der Bibelübersetzung. Als gelungene Übersetzung werden heute weniger `konkordante´ Übersetzungsvorgänge angesehen, die die möglichst strukturgetreu aus der Ursprungs- in die Zielsprache übersetzen, sondern eben `dynamische Äquivalenz´, bei der es um sinngetreue Übertragung geht. So gilt es in der Missiologie und Praktischen Theologie auch, neutestamentliche Sachverhalte sinngetreu in den heutigen Zielkontext zu übersetzen.

meneutischer Überlegungen zielen diese Handlungsanweisungen auf eine Praxis, die auf den Handlungsfeldern der Gemeinde vorhandene gute Qualität in sich ändernder Zeit als solche erhält und mindere Qualität verbessert. Praktische Theologie braucht sich auch als wissenschaftliche Disziplin vor solchen Handlungsanweisungen und der ihnen entsprechenden Anleitung zum Handeln nicht zu scheuen, denn der praxisferne Wissenschaftsbegriff des Idealismus wurde im ausgehenden 20.Jahrhundert überwunden.[26] Die Chance, dass die Kluft zwischen einer praxisfernen Theorie (Theologie!) und einer von wissenschaftlicher Grundlagenklärung getrennten Praxis mit dem heutigen Wissenschaftsverständnis prinzipiell überwunden ist, gilt es zu nutzen. Damit eröffnet sich zugleich die Möglichkeit, dass auch in Deutschland die Praktische Theologie praktischer wird, ohne aber pragmatisch zu werden.[27] In der Folge könnte es umgekehrt auch dazu kommen, dass die Gemeindepraxis weniger von pragmatischzeitgemäßen Einfällen und Experimenten lebt, dafür aber stärker biblisch fundiert und reflektiert würde.

17. Der Dreischritt praktisch-theologischen Arbeitens ist hinsichtlich aller Handlungsfelder der Gemeindepraxis unter prüfender Heranziehung der relevanten Hilfswissenschaften und

---

[26] Praktische Theologie als Handlungswissenschaft sollte sich nicht scheuen, über Forschungsaufgaben hinaus in der Lehre auf wissenschaftlicher Grundlage nicht nur die Vermittlung von Spezial- und Überblickswissen zu betreiben, sondern auch die theoretische und praktische Vermittlung von methodischem Können. Auch akademische Lehre tut gut daran, als Lernziele die Vermittlung von Kenntnissen *und* Fähigkeiten zu intendieren.

[27] Die Praktische Theologie sollte eben schon im theologischen Hochschulstudium in diesem Sinne 'praktisch' sein, nicht erst im Predigerseminar während der zweiten Ausbildungsphase während des Vikariats.

hermeneutischer Reflexion anzuwenden. Der jeweils unterschiedliche Einzelgegenstand und das dazugehörige relevante
Spektrum an Einzelmethoden und gegenstands- sowie situati-
onsbezogenen Handlungsanweisungen führt zu einer je typi-
schen Ausgestaltung der Einzeldisziplinen der Praktischen
Theologie (wie der Homiletik, der Poimenik, der Pastoraltheologie, der Liturgik, der Gemeindepädagogik, der Kybernetik
bzw. Gemeindebau-/ Gemeindewachstumsforschung, der
Evangelistik, der Diakonik). Diese Einzeldisziplinen sind hinsichtlich ihres Gegenstands, ihrer biblischen Vorgaben und
ihrer methodischen Durchführung im Rahmen monographi-
scher Einzeldarstellungen oder in Gestalt von Lehrbüchern je
gesondert zu entfalten.[28] In ihrer Grundlagenforschung ist die
Praktische Theologie allerdings nicht in jedem Fall an den
oben skizzierten Dreischritt, der auf begründete Handlungsanweisungen zu einer verbesserten Praxis zielt, gebunden.
Praktische Theologie kann sich auch monographisch auf Einzelaspekte aus ihrem Tätigkeitsfeld beziehen. Dazu gehört die
selbstreflektierende Beschäftigung der Praktischen Theologie
mit der Geschichte ihrer selbst, ihrer Teildisziplinen und ihrer
Methoden. Es gehört dazu die Einarbeitung in relevante be-
nachbarte Wissenschaftsgebiete und deren theologische Be-
fragung daraufhin, inwiefern sie als Hilfswissenschaften von
Gewinn sein können. Es gehört dazu - soweit dies nicht schon
durch andere theologische Disziplinen geschieht - die geistige

---

[28] Ein Methodenlehrbuch der Praktischen Theologie (analog zu
*Das Studium des Neuen Testaments. Bd 1: Eine Einführung in die Metho-
den der Exegese*, hg. H.W.Neudorfer / E.J.Schnabel, Wuppertal:
R.Brockhaus, 1999), das aus evangelikaler Sicht die Methodik der praktisch-
theologischen Einzeldisziplinen beschreiben und begründen würde, wäre ein
Desiderat und könnte inner-evangelikal zu einer fachlich fundierten und
zugleich versachlichten Methodendiskussion im Schnittfeld von Theologie
und Sozial- bzw. Humanwissenschaften beitragen.

und empirische Beschäftigung mit vorfindlicher Wirklichkeit auf deren philosophie- bzw. religionsgeschichtlichen Hintergrund samt der dazugehörigen theologischen Bewertung. Nicht zuletzt gehört zur Praktischen Theologie als theologischer Disziplin, dass Praktische Theologen wieder vermehrt nicht nur kundige Grenzgänger in die Gebiete der Sozialwissenschaften hinein sind, auch nicht nur Fachleute für meditative Einfälle und kreative Futuristik auf kirchlichem Gebiet, sondern exegetisch und dogmatisch fundierte Fachleute, die sich in den für die Praxis der Gemeinde zentralen Aussagen der Heiligen Schrift eigenständige vertiefte Kenntnisse angeeignet haben[29] und auf diesen Gebieten von den Bibelwissenschaftlern entsprechende Vorarbeiten einfordern[30].

18. Insgesamt könnte so eine Praktische Theologie entstehen, die das Hin und Her von theologischen zu empirischen und

---

[29] Ich denke da an Arbeiten von der Art und Qualität der nach wie vor lesenswerten ekklesiologischen Thesen eines Theodosius Harnack, *Die Kirche - ihr Amt - ihr Regiment: Grundlegende Sätze mit durchgehender Bezugnahme auf die symbolischen Bücher der lutherischen Kirche*, Nürnberg 1862, ein Buch, das bis weit ins 20.Jahrhundert nachgedruckt wurde.

[30] Es gereicht so manchen Neutestamentern zur Ehre, dass sie - ganz ohne entsprechende Anforderung aus dem praktisch-theologischen Bereich - im Schnittpunkt von neutestamentlicher Ekklesiologie und Gemeindebau Arbeiten hervorgebracht haben, deren Potential für die Praktische Theologie es nun zu heben gilt. Ich denke an Untersuchungen wie H.J.Klauck, *Gemeinde zwischen Haus und Stadt: Kirche bei Paulus*, Freiburg / Basel / Wien: Herder, 1992; H.H.Pompe, *Der erste Atem der Kirche: Urchristliche Hausgemeinden - Herausforderung für die Zukunft*, Neukirchen-Vluyn: Aussaat, 1996; W.Reinhardt, *Das Wachstum des Gottesvolkes: Untersuchungen zum Gemeindewachstum im lukanischen Doppelwerk auf dem Hintergrund des Alten Testaments*, Göttingen: V&R, 1995; P.Stuhlmacher, "Kirche nach dem Neuen Testament", *Theol.Beiträge*, 26(1995):301-325; U.Wendel, *Gemeinde in Kraft: Das Gemeindeverständnis in den Summarien der Apostelgeschichte*, Neukirchen-Vluyn: Neukirchener, 1998.

empirischen zu theologischen `Wenden´ überwindet, die viel-
mehr unter voller Wahrung des Primats einer schriftgebunde-
nen Theologie nach allen Seiten hin nahe an der Praxis bleibt:
an der gut analysierten verbesserungswürdigen Praxis auf der
einen, wie an einer zu gestaltenden besseren Praxis auf der
anderen Seite. In einer immer stärker säkularen nachkonstan-
tinischen Zeit kann es nicht das Motto sein, in Anpassung an
den säkularisierten Menschen Stück um Stück die Schrift
preiszugeben, um so die Zukunft zu gewinnen, sondern auf
dem verheißungsvollen Fundament des Wortes Gottes eine
zeitgenössische Praxis zu gewinnen, die biblische Vorgaben
deutlich und relevant in die verschiedenen Kontexte gemeindlicher Existenz hinein übersetzt. Solche Praktische Theologie
kann dazu beitragen, dass Kirche nicht ihre Zukunft verspielt,
indem sie - wie sich Kirche in unserem Land noch immer nicht
nur in Ausnahmefällen darstellt - theologisch liberal und zugleich in ihren Formen traditionsbestimmt existiert, sondern
vielmehr die Zukunft gewinnt, indem sie konsequent bibeltreu
und zugleich kontextual relevant lebt. Dass evangelikale
Theologie in dieser Hinsicht einiges zu geben hat, zeigen die
aktuellen Gemeindewachstumsraten in den Gebieten der
Weltchristenheit, die vornehmlich evangelikal bestimmt sind.[31]

---

[31] Vgl. K.Wetzel, *Wo die Kirchen wachsen: Der geistliche Auf-
bruch in der Zwei-Drittel-Welt und die Folgen für das Christentum*, Wuppertal
/ Zürich: R.Brockhaus, 1998.

Gemeinschaft schön und schwer - oder: Wie das Miteinander zur Freude wird.

Br. Dr. Oskar Föller

Einsichten und Erfahrungen aus der Praxis (Ein Gemeindevortrag)

Einsamkeit - eine Not unserer Zeit

Eine Grundnot unserer Zeit, die sich immer schneller wandelt, bei der immer mehr Menschen nicht mehr mitkommen, ist die Einsamkeit. Umfragen zeigen, dass die meisten Menschen sich nicht so sehr vor einer schlimmen Krankheit fürchten, als davor, im Alter allein zu sein. Immer mehr Menschen nehmen schmerzhaft wahr, dass das, was die Werbung als das eigentliche Leben anpreist, für sie nicht erreichbar ist und an ihnen vorbei geht. Wenn man den Einzelschicksalen nachgeht, stößt man darauf, das in vielen Fällen, wo ein Mensch sich aus Verzweiflung das Leben genommen hat, Einsamkeit und Isolation ein tieferer Grund war. Gerade bei älteren Menschen. Der technische Wandel und die gesellschaftlichen Veränderungen haben als Kehrseite eine immer größere Aufspaltung der Lebensverhältnisse und die Vereinzelung mit sich gebracht. Die tiefe Not dieser Befindlichkeit wird von dem Überangebot an Abwechslung, Zerstreuung, Vergnügen und Spaß, das die moderne Gesellschaft - sofern man das nötige Kleingeld hat - bietet, nur oberflächlich beantwortet. "Allein in der Masse" ist eine Grundnot und ein Grundlebensgefühl unserer Zeit.

Die Bibel zeigt eine noch tiefer liegende "Ur-Einsamkeit" auf, die in der Trennung des Menschen von Gott ihren Grund hat (1. Mose 3). Seit dem Sündenfall ist der Menschen unbehaust, leidet an "Heimweh" und sehnt sich nach einem letzten Angenommensein, nach Ewigkeit und Geborgenheit. Jesus Christus hat uns durch sein Leiden und Sterben die Tür zum Vaterhaus wieder aufgetan und jeder, der umkehrt und glaubt, wird vom Vater wieder aufgenommen (Lk 15). Der Glaubende bekommt eine neue Beziehung zu Gott, zu sich selbst und zu anderen Christen.

Gemeinschaft untereinander - zugleich Gabe und Aufgabe

GEMEINSCHAFT ALS GABE

1. Gemeinschaft - ein Vorrecht
Ich darf mit dem lebendigen Gott schon jetzt Gemeinschaft haben und werde sie einmal in vollkommener Weise unmittelbar haben. Meine Gemeinschaft ist zugleich auch Gemeinschaft mit meinen Brüdern und Schwestern, die mit mir auf dem Weg sind. Es ist ein Geheimnis, dass Gott da, "wo zwei oder drei in seinem Namen zusammen sind", selbst anwesend ist (Mt 18,20; vgl. auch Ps 133). Es ist ein großes Geschenk und eine tiefe Ermutigung, dass da noch andere sind, die glauben, die im Heiligen Geist mit mir verbunden sind, die wie ich Gott lieben. "Die leibliche Gegenwart anderer Christen" ist nach Bonhoeffer "dem Gläubigen eine Quelle unvergleichlicher Freude und Stärkung", "ein leibliches Gnadenzeichen der Gegenwart des dreieinigen Gottes" (Gemeinsames Leben, München 1970, 11). Regelmäßige Gemeinschaft mit anderen Christen zu haben ist nicht selbstverständlich. Viele, die sich danach sehnen, haben diese Möglichkeit nicht: Kranke, verfolgte Christen, einsame Menschen. Wer sogar täglich Ge-

meinschaft mit anderen Christen haben darf, der preise Gott für diese "Vorwegnahme der himmlischen Dinge" (Bonhoeffer). Wo ich mir selbst nicht Mut zusprechen kann, tut es der andere: durch sein Wort, aber auch schon allein durch seine Gegenwart. Ich erfahre, wie Bonhoeffer sagt, dass der Christus im anderen "stärker" ist als der Christus in mir. Aus diesem Grund mahnt der Schreiber des Hebräerbriefs, die Zusammenkünfte wahrzunehmen und nicht zu versäumen.

2. Kein Ideal und doch göttliche Wirklichkeit

Wenn wir das Vorrecht und die Gnade christlicher Gemeinschaft herausstellen, so gehört zu diesem Ersten ein Zweites hinzu: Christliche Gemeinschaft ist andererseits kein Ideal. Die vollkommene Gemeinde gibt es auf Erden nicht. Martin Luther spricht davon, dass die christliche Kirche ein "Sanatorium" ist, ein "Siechenhaus". Dort ereignet sich durchaus Heilung und Veränderung, aber vollkommene und ungetrübte Gemeinschaft mit Gott und mit anderen Christen gibt es erst in der Ewigkeit. Ein anderes schon von Paulus verwandtes Bild, in dem das Fragmentarische auf Erden zum Ausdruck kommt, ist das der "Baustelle". Wir haben auch als Gemeinde den göttlichen Schatz "in irdenen Gefäßen" (2. Kor 4,6). Dies ist eine wichtige Wahrheit, die wir theoretisch bejahen, die uns aber im Alltag, wenn wir damit konfrontiert und selbst davon betroffen sind, zu bejahen sehr schwer fällt. Wir müssen erkennen, dass wir Sünder sind (vgl. I Kor 1,26ff), d.h. dass wir uns enttäuschen werden und uns sehr konkret zu tragen geben.

In diesem Zusammenhang gibt wiederum D. Bonhoeffer wichtige Hinweise. Er macht deutlich, dass christliche Gemeinschaft nicht das Ergebnis menschlichen Wollens und menschlicher Bemühungen ist, sondern eine von Gott geschenkte objektive Wirklichkeit. Er schreibt: "Was einer als Christ ist, in all seiner Innerlichkeit und Frömmigkeit, vermag unsere Gemeinschaft nicht zu begründen, sondern was einer von Christus her ist... Unsere Gemeinschaft besteht allein in dem, was Christus an uns beiden getan hat... Wir haben einander nur durch Christus, aber durch Christus *haben* wir einander auch wirklich... Das gibt allem trüben Verlangen nach Mehr von vorne herein den Abschied" (GL, 17). "Christliche Bruderschaft ist nicht ein Ideal, das wir zu verwirklichen hätten, sondern eine von Gott in Christus geschaffene Wirklichkeit, an der wir teilhaben dürfen" (GL, 22). "Christliche Bruderschaft ist eine pneumatische und nicht eine psychische Wirklichkeit" (GL, 18). Er zeigt auf, dass vielfach selbstsüchtiges seelisches Begehren und heimliche Idealvorstellungen wahre Gemeinschaft untergraben. "Der Grund aller pneumatischen Wirklichkeit ist das klare offenbare Wort Gottes in Jesus Christus. Der Grund aller psychischen Wirklichkeit ist das dunkle, undurchsichtige Treiben und Verlangen der menschlichen Seele. Der Grund geistlicher Gemeinschaft ist die Wahrheit, der Grund seelischer Gemeinschaft ist das Begehren" (GL, 22). "Jedes menschliche Wunschbild, das in die christliche Gemeinschaft mit eingebracht wird, hindert die echte Gemeinschaft und muss zerbrochen werden, damit die echte Gemeinschaft leben kann" (GL, 19). Ähnlich sagt Walter Hümmer kurz und bündig: "Wer Gemeinschaft fordert, bricht sie". Bonhoeffer fährt in seinen Ausführungen fort: "Wer seinen Traum von einer christlichen Gemeinschaft mehr liebt als die Gemeinschaft selbst, wird zum Zerstörer jeder christlichen Gemeinschaft, ob er es persönlich noch so ehrlich, noch so ernsthaft und hingebend meinte. Gott hasst die Träumerei; denn sie macht stolz und anspruchsvoll. Wer sich das Bild einer Gemeinschaft erträumt, der fordert von Gott, von anderen und von sich selbst die Erfüllung" (ebd.). Weil Gemeinschaft Geschenk in Christus ist, treten wir nicht als Fordernde, sondern als Dankende und Empfangende in die Gemeinschaft ein. "Wir danken Gott, für das was er an uns getan hat. Wir danken Gott, dass er uns Brüder gibt..." (ebd.).

Durch unser Versagen und das Versagen der anderen will Gott uns zeigen, wie sehr wir Jesus und seine Vergebung brauchen. Es gilt, zu einem realistischen Bild von christlicher Gemeinschaft und zum Danken zu kommen. "Wo die Frühnebel der Traumbilder fallen, dort bricht der helle Tag christlicher Gemeinschaft an... Nur wer für das Geringe dankt, empfängt auch das Große" (GL, 20). - "Je dankbarer wir täglich empfangen, was uns gegeben ist, desto gewisser und gleichmäßiger die Gemeinschaft von Tag zu Tag zunehmen und wachsen nach Gottes Wohlgefallen" (GL, 22). - "Je klarer wir den Grund und die Kraft und die Verheißung aller unserer Gemeinschaft allein an Jesus Christus erkennen lernen, desto ruhiger lernen wir auch über unsere Gemeinschaft denken und für sie beten und hoffen" (ebd.).

Nach meiner Beobachtung in unserem Miteinander hier gibt es im Blick auf Gemeinschaft so etwas wie ein "Drei-Phasen-Modell", das sich auch in anderen Gemeinschaftsformen z. B. in der Ehe finden lässt:

1. Phase ("Rosa-Brille"): Alles ist wunderbar, alles ist neu und interessant, zum ersten Mal mit lauter Christen zusammen, die alle dem Herrn dienen wollen, ich bekomme viele Anregungen und Impulse, usw. und werde bereichert durch die anderen.

2. Phase (Ernüchterung / Enttäuschung): Nach einiger Zeit gehen einem die Augen auf, man sieht plötzlich Dinge, die man vorher nicht wahrgenommen hat, Eigenschaften und Verhaltensweisen, die einen ärgern, oder man wird verletzt oder kräftig enttäuscht ("Und das wollen Christen sein!" - "Das hätte ich nicht gedacht!"). Vielleicht lässt man sich seine Enttäuschung nicht anmerken, aber innerlich macht man zu und sinnt auf Rache. Im Geist oder auch wirklich haben hier schon manche ihre Koffer gepackt. In dieser Phase möchte man am liebsten alles hinschmeißen. Es ist wichtig, sich der Situation und sich selbst zu stellen und nicht davonzulaufen, was das Einfachste wäre. Erst wer zur dritten Phase durchdringt, praktiziert und erfährt reife Gemeinschaft.

3. Phase ("Realistische Identifikation"): Nach dem Loslassen der Traumbilder kann es zu einer realistischen, reifen und geistlich gesunden Einstellung kommen, die im Glauben und in der göttlichen Liebe (agape), ein "dennoch" spricht und anfängt, den anderen "brutto" zu lieben. So wie Gott uns "brutto" liebt, uns mit vielen Verkehrtheiten trägt, uns immer wieder vergibt und Geduld mit uns hat.

"Das Schiff der Gemeinde wird von lauter Nieten zusammengehalten. Christen leben einzig von der Gnade ihres Herrn und sie brauchen als Sünder täglich die Vergebung - auch untereinander."

3. Wir müssen lernen mit Christus zu leben und alles, was wir brauchen, "in ihm" zu finden

Der zweite Aspekt führt zu einem Dritten: Enttäuschungen durch Menschen machen uns deutlich, dass letztlich nur Gott, nur Christus, unser tiefstes Sein erfüllen, unsere Sehnsucht nach Gemeinschaft und Angenommensein stillen kann. Kein Mensch, auch nicht der liebste uns am nächsten stehende

Mensch, kann dies. Wer dies erwartet, überfordert den anderen, ja treibt Götzendienst. Unser Herz bleibt, wie Augustinus sagt, unruhig und ungestillt, bis es Ruhe findet in Gott. Dies geschieht vollkommen in Ewigkeit. In aller Angefochtenheit hier auf Erden, dürfen und sollen wir uns immer wieder zu IHM wenden, IHN suchen und wir werden erfahren, dass er uns nicht leer, hungrig und allein lässt, sondern aus seiner Fülle eine Gnade um die andere schenkt (Ps 37,4; Ps 34,9-11; Ps 16,5-11; Joh 1,16; 10,10b; Kol 2,8-10). Menschen werden uns enttäuschen, Jesus nicht. Er kann unsere Bedürfnisse stillen.

GEMEINSCHAFT ALS AUFGABE (Joh 13,34f; Phil 2,1-4)

4. Sich selbst annehmen
Viele Konflikte im Miteinander haben ihre Ursache darin, dass Menschen auch als Christen sich selbst und ihr Gewordensein nicht von Gott her angenommen und in der Tiefe bejaht haben. Viele junge und ältere Menschen haben das nie getan. Wer sich selbst nicht angenommen hat, wird sich schwer tun, auch andere zu lieben. Er liegt dauernd im Streit mit sich selbst und mit seinen Mitmenschen. Solche Menschen können sich selbst nicht ausstehen, sind missmutig und unzufrieden mit sich selbst, mit Gott und der Welt. Vielleicht wundern sie sich zu allem noch, warum andere einen Bogen um sie machen oder sehen sich in ihrer negativen Selbst- und Weltsicht sogar noch bestätigt.

Weil Gott ja zu mir sagt, mich als einmaliges Original geschaffen und gewollt hat, darf auch ich ja zu mir sagen. Sich selbst grundlegend zu bejahen ist ein wichtiges Element für ein gutes Miteinander.

Deshalb frage ich ganz persönlich: Hast du dich selbst ganz angenommen? Dein Elternhaus? Dein Gewordensein? Dein Aussehen? Dein Können und Nichtkönnen? Deine Schulbildung? Deine Seelenlage?

Sage Gott einmal deinen Dank dafür, dass es dich gibt und dass du einzigartig bist. Wenn es dir schwer fällt, bitte Gott um seine Hilfe, um Veränderung deines negativen Denkens. Lass dir von ihm eine neue, andere Sicht schenken, wie sie das Stiefmütterchen in jener Fabel hatte: In ihr wird von einem König erzählt, der eines Morgens in seinen Garten kam. Dabei fand er alle Bäume und Sträucher ganz elend und nahe am Eingehen vor. "Er fragte die Eiche, die beim Tor stand, was denn geschehen sei. Dann hörte er, sie hätte genug von diesem Leben und wolle sterben, weil sie nicht so hoch und so schön sei wie die Kiefer. Die Kiefer war ganz außer sich, weil sie keine Trauben tragen konnte wie der Weinstock. Der Weinstock hingegen wollte sein Leben wegwerfen, weil er nicht aufrecht stehen und eine so schöne Frucht tragen konnte wie der Pfirsichbaum. Der Geranienstock ärgerte sich, weil er nicht groß und wohlriechend war wie der Flieder. Und so ging es weiter, den ganzen Garten hindurch. Schließlich kam der König zu dem Stiefmütterchen und fand sein kleines Gesichtchen so leuchtend und fröhlich wie immer: 'Nun, Stiefmütterchen, ich freue mich, dass ich inmitten dieser Unzufriedenheit ein so tapferes kleines Blümchen finde! Du scheinst nicht im geringsten traurig zu sein.' 'O nein', erwiderte das Stiefmütterchen, 'ich bin ja nicht viel wert, aber ich dachte, wenn du, o König, eine Eiche, eine Kiefer, einen Pfirsichbaum oder einen Fliederbusch hättest haben wollen, hättest du wohl einen gepflanzt. Aber ich weiß, du wolltest ein Stiefmütterchen, und deshalb will ich ein so gutes, kleines Stiefmütterchen sein wie nur irgend möglich.'"

Viel Not kommt vom Vergleichen mit anderen. Wobei man meist bei sich nur die Defizite, das Schwere sieht, bei anderen nur die schönen Seiten. Das ist unrealistisch. Überall gibt es zwei Seiten einer Sache.

Was die eigene Person angeht, kann es eine Hilfe sein, sich grundlegend klar zu machen, dass jeder Mensch Gaben, Grenzen und Gefahren hat. Mit jeder Stärke sind bei jedem auch Schwächen und Gefährdungen verbunden. Das gilt durchgehend und kann mich selbst sehr entlasten. Jeder Mensch, auch wenn er vielleicht sehr unscheinbar und unauffällig ist, ist wertvoll. Wäre er nicht da, würde etwas fehlen. Paulus macht deutlich, dass in der Gemeinde auch die "geringeren", "schwächeren" Glieder eine ganz wichtige Rolle und Funktion für die anderen, für das Ganze haben (1 Kor 12). Wir wollen uns immer wieder klar machen: Jeder ist nötig! - Wir brauchen uns gegenseitig! - Auch ich bin wertvoll und gehöre mit dazu.

"Einzeln sind wir Worte, zusammen ein Gedicht" (G. Bydlinski)

5. Den anderen annehmen, lieben

Wer sich selbst von Gott angenommen weiß und deshalb Ja zu sich sagen kann, dem fällt es leichter, den anderen in seiner Andersartigkeit und Verschiedenheit anzunehmen, wie es in Gottes Wort geboten wird (Röm 15,7). Mit Gottes Hilfe, durch die Kraft des Heiligen Geistes wird es uns möglich zu lieben, wie Jesus auch uns geliebt hat (Joh 13,34f). Das ist nicht etwas, was wir aus menschlicher Kraft vermögen. - Wenn Jesus uns sogar auffordert, unsere Feinde zu lieben (Mt 5,43ff), wieviel mehr dann unsere Brüder und Schwestern, die mit uns auf dem Wege sind, die mit uns hoffen, mit uns glauben. Diese göttlichen Liebe, die nicht nur die Sympathischen liebt, ist ausgegossen in unser Herz (Röm 5,5). Wir müssen ihr Raum geben und Jesus gemäß handeln. Der Satz "Liebe kann man lernen" ist in diesem Sinn und in diesem Kontext wahr. Im konkreten Fall, im spannungsvollen Miteinander, am konkreten Menschen ist das u. U. aber eine große Herausforderung. Hier stirbt der alte Mensch. Hier erlebt man seine eigene Unfähigkeit und zugleich, dass Gott im Sollen und Nichtkönnen unseren Mangel ausfüllt, wenn wir wirklich lieben wollen. Folgende Reihe kann man zur eigenen Hilfe betend durchbuchstabieren: "Ich soll" - "Ich kann" - "Ich darf" - "Ich muss" - "Ich will" lieben. Es stimmt: Liebe kann man lernen! - Nimm den Bruder, die Schwester an wie er / wie sie ist, nicht wie du ihn / sie haben willst! Liebe "brutto", so wie Gott dich "brutto" liebt! Dazu gibt er die Kraft und seinen Segen.

Wir sind uns in unserer Verschiedenheit zur Ergänzung und zur Korrektur gegeben. Der andere ist in seiner Verschiedenheit eine Gabe Gottes an mich, eine Bereicherung zur Weitung meiner Grenzen.
Wenn ich diese Perspektive gewinne, verstehe ich, was jemand einmal so ausgedrückt hat: "Nicht zum Wundreiben, sondern zum Blankreiben sind wir uns gegeben".
"Edelsteine werden durch Edelsteine geschliffen".

"Eine Gemeinschaft ist nicht die Summe ihrer Interessen, sondern die Summe ihrer Hingabe" (A. St. Exupery)

In allen Konflikten, im konkreten Miteinander gilt es, den anderen höher zu achten als sich selbst und nicht nur auf den eigenen Vorteil zu sehen. Dies ist uns nach Phil 2,1-4 geboten. Wer nicht liebt, bleibt im Tod. Wir sollen die Brüder ganz praktisch lieben, wie Jesus, bis zur Hingabe des Lebens (1. Joh 3,14-18). Dazu braucht es immer neu eines göttlichen Eingreifens. "Der Heilige Geist verwandelt eigen-nützige Menschen in gemein-nützige, ich-bezogene in gemeinschaftsfähige Menschen. Dabei lässt er sie als einzelne leben - und bewahrt sie doch vor dem Individualismus. Er fügt sie zu einer Gemeinschaft zusammen - und lässt sie doch nicht im Kollektiv versinken." (A. Schlatter).

"Ach, dass ich, wenn's drauf ankommt,
im Gegner den Bruder,
im Störer den Beleber,
im Unangenehmen den Bedürftigen,
im Süchtigen den Sehnsüchtigen,
im Prahlhans den einst Gedemütigten,
im Schwarzseher den Licht- und Farbenhungrigen erkennen könnte!
Leicht ist das nicht.
Es bräuchte, o Gott, die Gegenwart Deines Geistes!"
Kurt Marti

6. Aus der Vergebung leben

Christliche Gemeinschaft unter den Bedingungen dieser "Welt-Zeit" ist nicht konfliktfrei, nicht "heil". Wir sind und bleiben trotz allen guten Wollens Sünder. Gemeinschaft ist immer eine von Sünde und Schuld bedrohte und angefochtene Gemeinschaft. Hier brauchen wir zur realistischen Einschätzung der Situation biblische Nüchternheit, wie wir sie bei den Schreibern des Neuen Testaments finden.

Gemeinschaft ist, wie wir schon oben sagten: "Gabe" und "Aufgabe". Einige Felder dazu sind:
1. Die Einheit untereinander (1. Kor 1,10)
2. Der Friede miteinander (1. Kor 12,12-27)
3. Die Vergebung untereinander (Eph 4,32)
4. Die Freude aneinander (Phil 1,27)
5. Die Herzlichkeit (Röm 16,16; 1. Tim 5,23)
6. Das Annehmen und Tragen (Röm 15,7; Eph 4,2f).
Noch manche andere ließen sich hier aufzählen.

In all diesen Bereichen werden wir schuldig vor Gott und aneinander und bedürfen immer neu der Vergebung und Reinigung. Es ist auffällig, wie Johannes das Sündenbekenntnis bzw. den "Wandel im Licht" in einen Zusammenhang mit der Gemeinschaft untereinander bringt
(1. Joh 1,5ff).

Unter dem Kreuz, durch Beichte und Seelsorge, wird auch die Gemeinschaft, das Miteinander immer wieder neu belebt. Hierbei geht es nicht nur um das Bekennen und Ausräumen von Schuld aneinander, sondern auch um die scheinbar "private" Sünde. Festgehaltene, unbereinigte Sünde belastet nicht nur das eigene Gewissen und hemmt das eigene geistliche Leben, sie hat immer auch Auswirkungen auf die Gemeinschaft. Deshalb sollten wir um unserer selbst und um der Gemeinschaft willen, das gnädige Angebot der Beichte und Seelsorge gerne wahrnehmen.

Wenn wir selbst Vergebung erfahren, sollen (ja: müssen!) wir auch anderen vergeben, immer wieder, und zwar "von Herzen" (Mt 18,35). So viel Stagnation in Gemeinden und Kreisen hat ihre Wurzel in der Unversöhnlichkeit, weil man nicht aufeinander zugeht, sich nicht von Herzen vergibt und sich versöhnt.

Das ist keine Kleinigkeit. Man spielt mit der eigenen Vergebung, ganz abgesehen von dem allgemeinen Schaden für das
Reich Gottes, den man damit anrichtet.

Einige praktische Tipps zum Schluss

1. Den Frieden suchen

Wir sollten uns angewöhnen, sobald uns deutlich wird, dass
etwas zwischen uns und jemand anders steht, die Sache so
bald als möglich in Ordnung zu bringen (Mt 5,23f; s. auch Eph
4,26).

2. Um Entschuldigung bitten

Wir sollten uns nicht zu gut sein, um wirklich von Herzen um
Entschuldigung zu bitten. Gott wird unser Tun segnen, selbst
wenn von der anderen Seite kein Entgegenkommen gezeigt
wird (Röm 12,18).

3. Offen und ehrlich miteinander umgehen

Wir müssen es lernen, in Liebe, offen und ehrlich miteinander
um zu gehen. In allzu vielen Gemeinden und Gemeinschaften
lebt man hinter "Vorhängen" und trägt Masken. Das meint
nicht, dass man das Herz auf der Zunge tragen muss. Wir
sollten im Grunde unseres Herzens aufrichtig sein und da, wo
es angebracht ist, das, was uns im Innersten bewegt, auch
zum Ausdruck bringen. Viele reden immer nur davon, wie gut
und großartig sie sind. Unter Christen darf man - ohne in un-
gläubiges Selbstmitleid zu verfallen - auch von seinen Kämpfen und Nöten sprechen. Solche ehrliche Äußerung ermutigt

andere, wie M. Luther sagt: "Die Schwächen der Heiligen trösten uns mehr als ihre Tugenden."

4. Missverständnisse aufklären

Wo uns Dinge persönlich treffen und verletzen, sollten wir sie nicht einfach "schlucken" und horten. Oft weiß der andere gar nicht, dass er mich verletzt hat und er hatte auch überhaupt nicht die Absicht dazu. Oft handelt es sich auch ganz schlicht um Missverständnisse, die aber sehr real die Beziehungen und den Umgang belasten können. Hier möchte ich ermutigen, auf den anderen zuzugehen, und ohne äußerlich oder innerlich Vorwürfe zu machen, nachzufragen. Wenn ich mir nicht die Mühe mache, Missverständnisse aufzuklären, muss ich mich nicht wundern, wenn im Lauf der Zeit Glaswände und Mauern immer höher werden, Vermutungen und Verdächtigungen uns voneinander trennen.

5. Gemeinschaftszerstörer abstellen

Es gibt viele kleinen Dinge, die im alltäglichen Umgang zum Ausdruck kommen und das Miteinander auf Dauer kaputt machen. Zu diesen "kleinen Füchsen im Weinberg" gehören vor allem a) Misstrauen, b) Undankbarkeit, c) Gewöhnung und Achtungslosigkeit, d) Kritiksucht, e) Fordern, f) Ironie und Zynismus, g) Empfindlichkeit, h) Hintenherumreden.

6. Gemeinschaftsförderndes einüben

In vielen Gruppen und Gemeinschaften ist man vorrangig mit all dem befasst, was nicht gut ist, und wird dabei undankbar und unzufrieden. Wir sollten uns viel häufiger a) *von Herzen bedanken für alle Mitarbeit und allen Einsatz* (und das nicht nur mit Worten - sondern z. B. mit einem Überraschungs-Eis). Bei vielen von uns hat Pflichterfüllung und Treue einen hohen Stellenwert. Das ist gut. Aber oft führt das zu einer Haltung der selbstverständlichen Erwartung des eigenen Einsatzes und de der anderen. Wir müssen neu lernen b) *einander Lob und Anerkennung für Geleistetes und Gelungenes zum Ausdruck zu bringen*. Das höchste schwäbische Lob "Man kann es lassen!" hat schon manche Ehefrau gekränkt, die nachfragte, wie ihr Sonntagsessen geschmeckt hat. In der Gemeinde sind wir nicht viel besser und sollten über die Haltung "Nicht geschimpft ist genug gelobt" hinwegkommen. - Wir sollten uns angewöhnen c) *Gutes zu denken und Gutes zu reden* (Phil 4,8). - Weil es so viel Entmutigendes in dieser Welt gibt, brauchen wir in unseren Gemeinden und Gemeinschaften, d) den *tröstenden Zuspruch*, der aus der Liebe kommt, das *Wort der Ermutigung*. Wie das aussieht, dazu finden wir in der Heiligen Schrift viele Beispiele.

Gemeindebau nach der Strategie des guten Hirten. Prof. Dr. Klaus W. Müller

Lukas 15,1-7 (*Die Gute Nachricht in heutigem Deutsch.* Stuttgart: Deutsche Bibelgesellschaft, 1982)
Eines Tages waren zahlreiche Zolleinnehmer und andere, die einen ebenso schlechten Ruf hatten, zu Jesus gekommen und wollten ihn hören. Die Pharisäer und Gesetzeslehrer waren darüber ärgerlich und sagten: "Er lässt das Gesindel zu sich! Er isst sogar mit ihnen!" Da erzählte ihnen Jesus ein Gleichnis: *"Stellt euch vor, einer von euch hat hundert Schafe, und eines davon verläuft sich. Lässt er dann nicht die neunundneunzig allein in der Steppe weiden und sucht das verlorene so lange, bis er es findet? Wenn er es gefunden hat, freut er sich, nimmt es auf die Schultern und trägt es nach Hause. Dort ruft er seine Freunde und Nachbarn und sagt ihnen: 'Freut Euch mit mir, ich habe mein verlorenes Schaf wiedergefunden!' Ich sage euch: genauso ist bei Gott im Himmel mehr Freude über einen Sünder, der ein neues Leben anfängt, als über neunundneunzig andere, die das nicht nötig haben."*

Zwei verschiedene Denksysteme
Zwei Arten von Leuten waren um Jesus -
Die einen wollten Jesus hören, sie fühlten sich von ihm verstanden, angesprochen und geliebt. Sie spürten die Kraft in seinem Wort, in seiner Botschaft, die ihr Leben veränderte. Sie kamen immer näher zu Jesus, bis sie schließlich ganz bei ihm waren und bei ihm blieben.
Die anderen waren auch in der Nähe Jesu -
Sie waren die offiziellen Vertreter der Theologie, die Frömmsten, die sich am besten in der Bibel auskannten. Sie waren

jedoch so festgefahren in ihrer Meinung, dass sie nicht aus den tiefen Spurrillen ihrer Theologie - oder Ideologie - herauskamen. Sie hatten die Schritte und Wege des Messias in ihrer Theologie vorbestimmt - ihn gewissermaßen für sich reserviert. Da er sich nicht in ihr vorgegebenes Muster passte, sich also nicht in ihre Meinung eingespurt hat, lehnten sie Jesus als Messias ab und warnten andere vor ihm. Letztlich hassten sie ihn.

Sie standen dazu noch denen im Weg, die zu Jesus kommen wollten, die offen waren für seine Botschaft, die merkten, dass es bei ihm mehr gab als Theologie. Sie ärgerten sich, dass ihn so viele Leute hören wollten; dazu war das noch der Abschaum der Gesellschaft - intelligente Leute zwar, aber ausschließlich auf ihren Vorteil bedacht, wobei jedes Mittel recht war, das dem Zweck diente. Auf welches Niveau hatte sich Jesus mit diesen Leuten begeben!

Mit Menschen dieser beiden Denksysteme haben wir es auch heute zu tun.

Eine Gruppe ist offen für das Evangelium - für die Gedanken Gottes, wenn sie ihnen so erklärt werden, dass sie das verstehen können und sie sich auch verstanden wissen. Sie merken: Das Evangelium ist relevant für sie. Sie wissen, was die "Frommen" von ihnen halten; nun wollen sie wissen, was Gott denkt. Sie haben alles, was sie brauchen, um gut durchs Leben zu kommen; aber Freude haben sie nicht daran.

Die andere Gruppe hat sich in traditioneller Frömmigkeit, in frommer Gesetzlichkeit und theologischer Einseitigkeit eingefahren und kommt nur sehr schwer aus ihren Spurrillen heraus - sie gerät ins Schleudern, wenn sie versucht, die gewohnten Spuren zu verlassen. Dumm ist nur, dass ihr in diesen Rillen niemand folgt - folgen kann, ohne seinerseits ins Schleudern zu geraten. Auch dieser Gruppe fehlt die Freude. Alles ist so trist, kühl, trocken, dogmatisch, emotionslos.

Die Gedanken Gottes brechen sich neue Wege, auf denen die Menschen Jesus folgen können.

In Johannes 10,11-15 erklärt Jesus, was ein guter Hirte ist und - dass er selbst der gute Hirte ist:
"Ich bin der gute Hirt. Ein guter Hirt ist bereit, für seine Schafe zu sterben. Jemand, dem die Schafe nicht selbst gehören, ist kein richtiger Hirt. Darum lässt er sie im Stich, wenn er den Wolf kommen sieht, und läuft davon. Dann stürzt sich der Wolf auf die Schafe und jagt sie auseinander. Wer die Schafe nur gegen Lohn hütet, läuft davon; denn die Schafe sind ihm gleichgültig. Ich bin der gute Hirt. Ich kenne meine Schafe, und sie kennen mich, so wie der Vater mich kennt und ich ihn. Ich bin bereit, für sie zu sterben."
In dem Gleichnis, das Jesus den zwei Gruppen von Leuten erzählt, beschreibt er sich also selbst. Folgen wir seinen Schritten; in seinem Verhalten erkennen wir seine Strategie.

Erster Schritt: INFORMATION

Informiert sein, Zahlen und Fakten kennen
Der gute Hirte hat 100 Schafe. Wie weiß er das?
Er weiß offensichtlich, für wie viele er zu sorgen hat. Er kennt das Ausmaß seiner Verantwortung. Er hat gezählt. Nicht nur einmal. Er hat keine Angst vor Zahlen und Statistiken. Die Bibel ist voll davon. Aufzählungen, Namenlisten, Zahlen und genaue Angaben sind für die biblischen Berichte völlig normal. Nur einmal hatte das Zählen negative Folgen: David wollte wissen, wie stark seine militärische Macht ist. Das gefiel Gott nicht, da sich David damit selbständig und unabhängig von

Gott machte. Er wollte sich ein Stück weit freischwimmen von Gott - wo der ihm doch bis dahin alle erdenkliche Hilfe zukommen ließ. Das war Davids Sünde, die Gott bestrafte, nicht das Zählen an sich. Zudem lag offenbar eine Sünde im Volk vor, die Gott mit der Bestrafung treffen wollte. Er hat deshalb David selbst diesen Gedanken gegeben - der sofort darauf einging: Das kam seinem menschlichen Sinn offenbar entgegen. (2.Sam.24,1-17)

In unserem Fall geht es um die Gemeinde Jesu Christi, für die uns Gott verantwortlich macht. Gott selbst hat an vielen Stellen in der Bibel genaue Zahlenangaben, Personenlisten und Zusammenhänge berichtet, die seine Einstellung den Menschen gegenüber hervorheben und den Wert gerade auch des Einzelnen betonen.

Wir müssen wissen, woran wir sind mit den Leuten um uns - in unserem Einzugsbereich. Wie viele Leute sind es, was für Leute sind das, welche Stellung nehmen sie Jesus gegenüber ein, wie stehen sie zur Kirche oder der christlichen Botschaft gegenüber? Wissen wir Bescheid, oder sind wir auf unser Gefühl oder auf die Meinung anderer angewiesen? Kennen wir die Menschen um uns wirklich, oder projizieren wir unsere Vorstellung in sie hinein? Haben wir schon einmal eine ernsthafte Unterhaltung mit ihnen geführt? Haben wir uns nach ihren sozialen Verhältnissen erkundigt? Auf welcher Seite Jesu stehen sie? Haben wir gezählt? Kennen wir ihr Denksystem, ihre Lebensphilosophie?

Nur zu oft begnügen wir uns mit Gerüchten, wir verlassen uns aufs Hörensagen, wir plappern nach, was andere sagen.

Der gute Hirte im Gleichnis wusste Bescheid. Und der gute Hirte will heute noch, dass allen Menschen geholfen wird, dass sie die Wahrheit erkennen. (1.Tim.2,4)

Betrachten wir die Leute um uns herum gelassen? Werden wir nervös, wenn wir die vielen Leute sehen und beginnen, sie zu zählen, zu überlegen, was sie von Jesus halten? Beunruhigen uns Statistiken, Zahlen und Fakten, oder gehen wir stillschweigend darüber hinweg? Verdrängen wir sie?

Informiert sein ist der erste Schritt auf dem Weg, den Jesus gegangen ist, auf dem dann seine Gemeinde entstanden ist. Wir dürfen Informationen nicht den Werbepsychologen und Lotteriegeschäften überlassen - sie kalkulieren haarscharf! Vielleicht können wir sogar von ihnen etwas lernen.

Die Forschungsarbeit zur Erfassung relevanter Informationen ist mühsam und teuer; sie braucht Fachkenntnisse, denn Statistiken sind leicht zu fälschen. Für die Interpretation der Daten sind sozialwissenschaftliche Kriterien erforderlich. In evangelikalen Werken sind solche Arbeiten bisher wenig beachtet - man will dafür kein Geld ausgeben und arbeitet lieber wie gewohnt darauf los. Welche fatalen Folgen das haben kann, merken wir in den folgenden Kapiteln: Es kann teuer sein, nicht zu forschen.

Der zweite Schritt: FESTSTELLUNG

Die Wahrheit erkennen; sich ihr offen und ehrlich stellen
Nachdem der gute Hirte seine Schafe gezählt hat, stellt er fest, dass eines fehlt.

Wer nicht zählt, stellt nichts fest, der bekommt keine Fakten, den beunruhigt nichts, der hat kein schlechtes Gewissen. Bei dem stimmt immer alles, der kommt immer ans Ziel und er ist immer befriedigt von dem, was er erreicht. - Aber er hat keinen Überblick, er weiß nicht wirklich, was Sache ist.

Informationen einholen bedeutet, die Wahrheit erkennen, der Realität ins Auge zu sehen, festzustellen, was gut und was falsch ist. Das ist u.U. unangenehm. Man könnte evt. Fehler entdecken oder Negatives feststellen.

Die Wahrheit muss beim Namen genannt werden, sie muss auf der Tagesordnung bleiben, sie darf nicht von Sitzung zu Sitzung vertagt werden. Sonst täuscht man sich selbst; man lügt sich selbst in die Tasche, wenn man die Wahrheit nicht ernst nimmt. Das rächt sich bitter.

Die "weißen Flecken" auf der Landkarte der Mission oder der christlichen Gemeinde dürfen nicht vertuscht oder übermalt werden - mit frommen Ausreden oder mit theologischen Argumenten. Wenn jemand fehlt, wo ein Defizit in der Gemeinde vorliegt, wenn wir nicht an Menschen herankommen, die eigentlich von Jesus hören wollen - woran oder an wem liegt denn das?

Eigene Fehler oder Unzulänglichkeiten feststellen ist schmerzhaft. Man setzt Fragezeichen - zunächst an sich selbst. Wo liegt unsere Verantwortung? Wer gehört zu unserem Aufgabenbereich? Diese unangenehmen Gedanken drängen uns ins Gebet, sie sollten zur Buße führen.

Informationen sollen uns beunruhigen, sie sollen uns nicht mehr los lassen. Hinter jeder Zahl stehen Menschen - viele Menschen. Es geht um Menschen, für die Jesus Christus gestorben ist, die er auch gemeint hat, als er am Kreuz rief: "es ist vollbracht", für die er durch seine Auferstehung das ewige Leben erworben hat.

Haben wir uns schon an die Massen gewöhnt - außerhalb der Gemeinde, während uns Massengemeinden suspekt vorkommen? Wohlgemerkt: Zu Jesus kamen damals viele! Und er hat sie kommen lassen, sogar Kinder. "Viele" ist also nicht grundsätzlich falsch. (Mt.19,13-15)

Paulus spricht von "etlichen", die er "gewinnen" möchte. (1.Kor.9,22) Eine Menschen-Masse, -Menge oder -Gruppe besteht immer aus Einzelnen, die eine persönliche Beziehung zu Jesus Christus annehmen sollen. Sehen wir unsere Verantwortung in unserem Volk?

Die Forsa-Umfrage im April 2000 (Spektrum 17/2000:2) weist nach, dass 33,7% der Deutschen nicht an Gott glauben (wie immer auch "Gott" von den 66,3% definiert wird); 33,4% beten nie, 25,6% seltener, ... und nur 18,5% täglich (was die einzelnen betenden Gruppen mit "beten" meinen, ist nicht beschrieben); 32,7% gehen nie in einen Gottesdienst, 22,1% nur an Ostern und Weihnachten, ... und 12,4% jede Woche. Ohne Definitionen sind diese Zahlen mit großer Vorsicht zu behandeln; sie erscheinen recht positiv gegenüber dem, was uns täglich vor allem in den Medien an Gottlosigkeit und Antichristlichem begegnet und gegenüber den Besucherzahlen, die wir von Kirchen und Freikirchen erhalten. Wir müssen also mehrfach und von verschiedenen Aspekten her die Situation betrachten, das dahinter liegende Denksystem analysieren und definieren sowie - zählen!

Von der Statistik ausgehend, rechnen wir einmal herunter auf die einzelne Gemeinde: Von den rund 80.000.000 Deutschen nehmen wir großzügig 10% Andersgläubige bzw. Atheisten und 10% Freikirchler und Sektenangehörige an, vom Rest die Hälfte als evangelisch. Wenn in den ca. 20.000 evangelischen Kirchengemeinden 12,4% regelmäßig den Gottesdienst besuchen, müssten durchschnittlich überall 198,4 Besucher zu zählen sein. Ein Besuch eines ev. Gottesdienstes zeigt schnell, dass die vorliegende Statistik mit großer Vorsicht zu gebrauchen ist: die Definitionen der Denksysteme fehlen! - Es wäre fatal, sich nur auf eine Zahl zu verlassen. Man muss immer wieder und verschiedene Aspekte beobachten, um relevante Ergebnissen zu erhalten. Hier ist nicht Raum, weitere Statistiken einzufügen und im Vergleich zu diskutieren.

Was gedenken wir mit den Ergebnissen zu tun? Wie viele von unserem Einzugsgebiet fehlen uns in der Gemeinde? Wie viele gehören zu unserem Verantwortungsbereich in der unmittelbaren Umgebung der Kirche? Wenn eine Kirche flächendeckend sein möchte und den Anspruch erhebt, "für alle da" zu sein: Wie viele sind denn "da"? Und die anderen: sind sie "verloren"?

Welcher Maßstab wird angelegt für "erreicht" oder für "Christsein"? Ich halte den Begriff "erreichen" für das Unwort der Gemeinden und Missionen, da er so schwammig ist, dass er letztlich nichts aussagt. Im Beispiel haben wir erkannt, dass jeder Begriff, den wir verwenden und daraufhin zählen, klar definiert sein muss. *Erreicht haben wir einen Menschen, wenn dieser fähig ist, eine intelligente (nicht nur emotionale oder traditionelle) Willensentscheidung für oder gegen Christus zu fällen, wobei er sich aller Konsequenzen bewusst ist und bereit ist, sie einzugehen.*

Klar ist, dass wir die "Nicht-Gottesdienst-Besucher" in absehbarer Zeit nicht "erreichen", wenn wir in der Art und Weise weiterdenken und -arbeiten wie bisher. Das Schlimme dabei ist: die meisten "Christen" lässt das unberührt.

Christen haben bei der Wiedergeburt den Heiligen Geist erhalten. Er "denkt" im "System" Gottes, er will an uns arbeiten, uns Gottes Ideen und Gedanken geben, auf die wir selbst seither nie gekommen sind. Manche dieser Gedanken werden uns revolutionär vorkommen. Verwerfen wir sie nicht gleich, wenn sie nicht in unser gewohntes Schema passen, wenn sie sich nicht in unsere Theologie einspuren! Vielleicht möchte der Heilige Geist den Rahmen sprengen, in dem wir bisher gedacht haben; vielleicht war es ihm zu eng darin. Vielleicht konnte er sich durch uns nicht weiter entfalten. Wir haben zu klein von ihm gedacht, ihm durch unsere theologischen Gedanken Schranken gesetzt: "Nein, doch nicht so!" - Weil wir nicht größer denken wollen. Ist denn unser Gott so klein? Ist klein immer schön (kuschelig)? Auch bei den Gemeinden?

Wir setzen dem Heiligen Geist Grenzen durch Unbeweglichkeit, durch Kleinglaube (oder ist das Unglaube?), wenn wir die Sache unter unserer Kontrolle behalten wollen und eine Gefahr darin sehen, dem Heiligen Geist freien Lauf zu lassen (authentisches Zitat): "Wo kämen wir denn hin, wenn jeder das tun würde, was ihm der Heilige Geist sagt!?" Ja richtig: wo kämen wir dann hin? Wenn Gott eine Erweckung schenken würde in unserem Land, könnte er bei uns ansetzen oder würde er uns übergehen?

Unsere Erfahrung, auf die wir so gerne pochen, ist immer zeitgebunden, personenbezogen und situationsbedingt. Erfahrungen sind hilfreich, wenn wir erkennen, wie und dass der Heilige Geist geführt und uns dazu gebraucht hat, Gottes Ziele zu erreichen. Wir müssen sie in Prinzipien verarbeiten, mit anderen Erfahrungen vergleichen und an der Heiligen Schrift prüfen, bevor wir sie vorsichtig an die junge Generation weitergeben. Alte Erfahrungen dürfen andere nie demotivieren, im Glauben Neues zu wagen für Gott.

Dritter Schritt: AUSWERTUNG

Informationen und Erkenntnisse auswerten, Wertmaßstäbe überprüfen

Der gute Hirte zählte, er stellte etwas fest - und nun hat er es mit sich selbst zu tun: Je nach dem, was und wie er ist, wird er jetzt entscheiden. Es kommt auf seine persönliche Einstellung an, auf seine innere Verfassung, auf seine geistliche Prägung, vielleicht auch auf seine Ausbildung; auf jeden Fall auf seine Theologie. Dementsprechend geht er mit den Informationen und neuen Erkenntnissen um.

Der gute Hirte hat zwei Möglichkeiten:

Entweder er lässt das eine Schaf in der Wüste und Dunkelheit und riskiert dessen Leben, kümmert sich dafür um die neunundneunzig, sorgt für sie und freut sich an diesen;

oder er geht das andere Risiko ein: er lässt die neunundneunzig allein, wahrscheinlich in einer Hürde oder einem Stall, vielleicht in der Nähe anderer Menschen oder bei einem Feuer, - und geht, um nach dem einen verlorenen zu suchen.

Der gute Hirte muss sein Wertsystem überprüfen: Wo liegen seine Prioritäten? Wer oder was ist ihm mehr wert? Was ist sein eigentlicher Auftrag? Wem ist er verantwortlich? Unter wessen Auftrag steht er? Was wird von ihm erwartet?

In diese Entscheidung sind auch wir hineingestellt; und wir müssen diese oder solche Fragen beantworten. Nach welchen Maßstäben messen, urteilen, entscheiden und handeln wir?

Legen wir Gottes Maßstab der Liebe und Gnade an? Oder setzen wir unsere eigenen Werte in der Beurteilung der Menschen? Wie viel ist uns ein verlorener Mensch wert? Wie stufen wir "verloren sein" heute ein? Sprechen wir in diesem Zusammenhang noch von endgültiger Trennung von Gott, von Ewigkeit, von Hölle?

Jesus Christus, der gute Hirte, achtete mich, den Einzelnen, und alle anderen Einzelnen auf dieser Welt für wert genug, dafür die Herrlichkeit bei seinem Vater zu verlassen und als Mensch für mich, für jeden zu sterben. Und wenn nur ich allein auf der Welt verloren gewesen wäre - er hätte sich auf den Weg gemacht, um mich zu suchen, bis zum bitteren Ende. (Phil. 2,5-8; Joh. 3,16) Er wollte, dass ich lebe!

Wir erkennen erst den Wert der Menschen um uns, wenn wir erkennen, was der Sohn Gottes für uns getan hat. Der Wert des Menschen wird von Gott bestimmt. Sein Leben war ihm dafür nicht zu teuer.

Bei dieser Erkenntnis geht eine Veränderung vor sich, zunächst in uns. Nur wenn wir eine neue Stellung zu Jesus einnehmen, wenn uns der Heilige Geist zurechtgerückt hat, können wir die Welt um uns verändern. Ist unser Wertsystem vom Heiligen Geist und von der heiligen Schrift geprägt? Wer oder was bestimmt uns in unseren Entscheidungen in Bezug zu anderen Menschen? - in Bezug zu unserer Arbeitsstrategie?

In diesem Stadium wird deutlich, wie weit wir von der Lebensphilosophie unseres Umfeldes beeinflusst sind, inwieweit die Nächstenliebe greift, und ob uns die Endgültigkeit der Verlorenheit anderer noch unter die Haut geht. Sehen wir die Menschen in der Warteschlange vor der Kasse, vor der Ampel, auf der Autobahn als Verlorene? Wenn wir von einem Berg aus das Lichtermeer einer Stadt sehen - denken wir daran, dass hinter jedem Licht ein Mensch lebt, der in Gottes Augen ewig verloren ist? Bewegt, vielmehr treibt uns die Liebe Christi noch, die Retterliebe, zu den Menschen hin? (2.Kor.5,14) - Was empfinden wir angesichts der Millionen Verlorener in unserem Volk, des ungläubigen Nachbarn, des weltlichen Arbeitskollegen? Haben wir schlaflose Nächte wegen finanzieller Probleme oder auch wegen verlorener Menschen?

Das Wertsystem unserer Einstellung muss deutlich biblisch-geistliche Maßstäbe erkennen lassen, so deutlich, dass das anderen auffällt, mit denen wir zusammenkommen. Sie werden uns daraufhin beobachten, spöttisch, mitleidig oder interessiert anschauen und vielleicht sogar danach fragen. Fällt ihnen nichts auf, werden sie keine Fragen stellen und wir unterscheiden uns nicht von ihnen. Es gibt schon zu viele angepasste Christen in unseren Gemeinden - an die Welt angepasste Christen. Deshalb unterscheiden sich manche Gemeinden auch nicht wesentlich von anderen Vereinen unserer Gesellschaft.

Welche Theologie entscheidet sich für die 99, welche für die Verlorenen? Es gibt Situationen, in denen diese Entscheidung auch über Leben und Tod einer ganzen Gemeinde bestimmt.

Vierter Schritt: Folgerung

Die Konsequenzen daraus - die Anforderungen an uns

109

Der gute Hirte setzte Prioritäten: Eins gegen neunundneunzig (1:99). Er entschied, das Risiko einzugehen. Das eine Schaf war ihm das wert. Dann ging er, noch in der Nacht, allein, in die Wüste.

Seine Werte und Maßstäbe waren eindeutig, transparent. Es ging ihm um das Verlorene.

Auch wir müssen die Konsequenzen ziehen aus dem, was wir erkannt und ausgewertet haben. Wir müssen eindeutige Prioritäten setzen.

Jesus Christus verlor sein Leben dabei. Er wusste das schon vorher. Um so deutlicher wird dabei, dass das ein eindeutiger Willensakt seinerseits war. Er ist da nicht hineingestolpert, er wurde nicht hineingedrängt, man hat ihn dabei nicht hereingelegt.

Als er in Johannes 20,21 seinen Jüngern deutlich machte: "Wie der Vater mich sandte, so sende ich Euch!", kannten diese die Tragweite dieser Berufung noch nicht. Es sollte ihnen erst später, dann aber um so heftiger, klar werden.

Wie wurde denn Jesus Christus gesandt?

Aus dem Reichtum in die Armut.

Aus der Macht in die Ohnmacht.

Aus der göttlichen Herrlichkeit in das menschliche Chaos.

Aus dem Befehlsstand in den Gehorsamsstand.

Aus der Ewigkeit in die Zeit.

Aus der Grenzenlosigkeit in die Begrenzung.

Aus der Ebene des Schöpfers in die Ebene der Schöpfung.

Aus der Sicherheit in die Unsicherheit.

Aus der Souveränität in die Abhängigkeit.

Aus ...

Die Liste darf selbst weitergeschrieben werden. Paulus griff diese Gedanken in Phil.2, 5-11 auf und erhob den Anspruch der Nachahmung für alle Christen.

Gemeinden entstehen aus gefundenen Verlorenen;
aus vielen Einzelnen, nach denen gesucht wird;
wenn konsequent wenige Prioritäten gesetzt werden;
wo Christen bereit sind, wie Jesus ein Risiko einzugehen:
- das Risiko, allein zu sein, einsam seinen Weg zu gehen, im Dunkeln zu tappen, sich zu stoßen, hinterfragt zu werden, missverstanden zu sein,
- im Glauben zu handeln - ohne Rücklagen,
- wie auf einem Seil jeden Schritt zu prüfen - ohne Sicherungsnetz,
andere dem Herrn anvertrauend zurückzulassen, im Vertrauen und Gehorsam vorwärts zu gehen, über Grenzen und Zäune zu springen, sich vom Heiligen Geist leiten zu lassen.
Wir sind gerne bereit, im "Glauben" zu handeln, solange wir die Übersicht behalten können, solange wir die Vorgänge verstehen und die Methoden gewohnt sind, solange wir die Traditionen halten können und die Spurrillen nicht verlassen müssen. - Das ist, im Bild gesprochen, den Luftballon des Glaubens bis zu dem Stadium aufblasen, wo es beginnt, Kraft zu kosten. An diesem Punkt reicht das Kind den Luftballon seinem Vater, der ihn über das Stadium des Widerstandes, der Dehnung des Materials hinaus aufbläst, und das kostet auch ihn Kraft.
Gleicht unser Glaube einem Luftballon, den wir nicht weiter dehnen können, weil wir in den Kinderschuhen stecken geblieben sind? Die Schwierigkeiten liegen am Anfang, bis die große Spannung überwunden ist, bis unser Glaube gedehnt wurde - nicht größer, sondern dem großen Gott und der großen Aufgabe angemessen wurde. Die Kraft, den Glauben zu dehnen, schenkt Gott durch seinen Heiligen Geist, wenn wir bereit sind, zu gehen. (Lk.8,25 - Senfkorn; Mt.17,20)
Wir müssen über das Stadium der Diskussion, des "Wenn und Aber" hinauskommen, wir dürfen nicht im "Warum und Wieso"

stecken bleiben. Die ersten Schritte auf dem Weg zum Verlorenen sind immer die schwierigsten.

Wir bewundern gerne sogenannte "Glaubenshelden". Wenn wir ihren ungeschönten Lebenslauf betrachten, entdecken wir vielleicht eine besonders spannungsreiche Zeit, in der ihr Glaube durch einen bestimmten Auftrag, durch eine besondere Vision, durch eine neue Erkenntnis herausgefordert wurde, sich anzupassen an die neue Situation, den Glauben zu dehnen. Der Heilige Geist gab ihnen die Kraft dazu - auf dem Weg, nicht schon im Vorhinein. Sie mussten sich entscheiden für den Weg, von dem sie nicht wussten, was ihnen begegnen wird; oft genug wurden sie von anderen gehindert, verlacht, beschimpft. Meist waren sie zunächst sehr einsame Menschen. Sie wurden angegriffen, verwundet. - Ein junger Kritiker der Christen unserer Zeit beobachtete scharf und kam zu dem Schluss: Die Christen sind das einzige Heer, das auf seine eigenen Verwundeten schießt.

Mark Porter formulierte seine Gedanken in diesem Zusammenhang so:

Ich will lieber versuchen, etwas Großes für Gott zu tun und daran scheitern, als versuchen, nichts zu tun und es zu schaffen. (in *Zeit planen - sinnvoll leben*. 2.Aufl. Asslar: Schulte & Gerth, 1990, S. 26.) Christen und christliche Werke geben manchmal den Eindruck, erst einen neuen Schritt im Glauben wagen zu wollen, wenn der Erfolg schon in der Tasche ist. Sie haben Angst davor, zu scheitern oder sich zu blamieren. Deshalb halten manche krampfhaft an den "bewährten" Wegen ihrer Gründerväter fest, um den Segen nicht zu verlieren, den Gott denen beschert hat. Indem sie den Weg festhalten, verlieren sie das Ziel, denn heute verlangen veränderte Situationen neue Wege - die im Glauben beschritten werden müssen, um das Ziel zu erreichen: die Verlorenen. Darin besteht das Vorbild der Väter. Gewöhnlich gingen sie recht unkonventionell vor, ungewohnt in ihrer Zeit; sie mussten sich neue Wege suchen; mit ihren damals traditionellen alten kamen sie nicht mehr weiter.

Wie weit sind wir bereit, im Glauben zu gehen? Wie viel trauen wir unserm Gott zu? Rechnen wir damit dass er unsere Gebete erhört, dass er Wunder tut, dass er zu seinem Wort steht, das wir predigen? Inwieweit sind wir bereit, Gottes Allmacht und seinen grenzenlosen Willen, zu retten, fest in eine Strategie einzubauen? Was beengt unsere geistliche Bewegungsfreiheit? Was hindert die Dehnung unseres Glaube0ns? Ist das Stolz, Geiz, Ehrsucht? Oder besteht unser "Glaube" darin, einfach in den Tag hinein zu leben und darauf zu warten, was andere mit uns machen? Rechnen wir nicht mit dem Gegenspieler des guten Hirten, Satan, der versucht, uns mit "geistlichen" Argumenten lahm zu legen? Die wilden Tiere sind unterwegs. (1.Pet.5,8)

Es ist mit Sicherheit anzunehmen, dass der gute Hirte nicht planlos in die Nacht hinausging. Sicherlich hat er sich überlegt, welches Schaf unter den hundert verloren gegangen war, welche Merkmale, Eigenarten, Gewohnheiten oder Eigenschaften es hatte. Er überlegte, welche Bedürfnisse es vielleicht verleitet haben, abzudriften. (Demas, 2.Tim. 4,10) In Gedanken ging er den Weg zurück, den er am vergangenen Tag gegangen war, er überlegte, an welchen Plätzen er weiden ließ, und welche Gefahrenstellen dabei passiert wurden. Wahrscheinlich nahm er sich eine Lampe und vielleicht sogar eine Waffe, zumindest aber Werkzeug und Verbandszeug mit. Kurz: Der gute Hirte legte sich eine Strategie zurecht, nach der er vorging.

Die Strategie des guten Hirten war auf Fakten, Informationen und Glauben aufgebaut, aber er musste sich selbst entschließen, vorwärts zu gehen. Er musste im Glauben handeln, nach eindeutigen Prioritäten. Jetzt interessierten ihn die Landschaft und die Vögel weniger, höchstens das Wetter und wilde Tiere. Sein Sinn war eindeutig auf das Ziel ausgerichtet: Er wollte das Verlorene finden, und das so bald wie möglich.

In einer Strategie für Gemeindebau sind immer menschliche und geistliche Elemente. Ohne Gott können wir nicht(s tun), ohne uns will er aber nicht. Wenn eines dieser Elemente fehlt, führt die Strategie nicht zum Ziel. Jede Methode, jeder Mitarbeiter braucht eine geistliche Ausrichtung. Die geistlichen Elemente der Strategie müssen nicht korrigiert werden; sie sind so konstant wie der Gott, der dahinter steht: Das Wort Gottes ist unveränderlich. Die menschlichen Elemente jedoch müssen im Laufe der Durchführung einer laufenden Korrektur unterzogen werden. Unter der Leitung des Heiligen Geistes müssen auch Methoden, Wege, Traditionen, vielleicht sogar Teilziele der Strategie und auch Menschen geändert werden. Dies ist vor allem dann der Fall, wenn neue Informationen eine veränderte Lage anzeigen, wenn neue Erkenntnisse gewonnen werden, die andere Prioritäten erfordern; oder man muss den Weg wieder ein Stück zurückgehen. Das ist kein Dilemma, sondern normal. Strategien sind nicht statisch, sondern dynamisch. Strategien sind nicht Sünde, sondern verstandesmäßige Umsetzung des Glaubens. Gott selbst wendete Strategien an, er arbeitet nach einem Plan, dem Heilsplan, und wir können uns darauf verlassen, dass er diesen weiterhin verfolgt.

Gemeindebau heißt, die Spuren des Heiligen Geistes zu den Menschen zu suchen und seinen Fußstapfen zu folgen. Der gute Hirte geht immer zielstrebig vor, er lässt sich weder ablenken noch zurückhalten, nicht entmutigen oder aufhalten. Sein Sinn kennt nur eine "Falte", in der alle seine Gedanken offenbar werden, er ist "ein-fältig": Es geht ihm um die Rettung der Verlorenen. Und er ist getrieben von Liebe.

Manche suchen lange, setzen ihre ganze Kraft, vielleicht auch ihr Leben dafür ein; der Weg ist schwer zu finden, wenn es nicht viele Anhaltspunkte dafür gibt, wo und wie das Verlorene zu finden ist. In der Missionsarbeit mussten andere die Suche an der Stelle fortsetzen, wo Vorgänger abbrechen mussten. Es ist besser, auf der Suche zu sterben, als nicht gesucht zu haben!

Theodore Roosevelt, ein US-amerikanischer Präsident, fasste solche Gedanken in eigene Worte (die natürlich von seiner Einstellung her auch von *nicht*-geistlichem - jedoch nicht un- bedingt *un*-geistlichem - Denken geprägt sind):

It is not the critic who counts,
not the man who points out
how the strong man stumbled
or where the doer of deeds
could have done better.
The credit belongs to the man
who is actually in the arena;
whose face is marred
by dust and sweat and blood;
who strives valiantly,
who errs and comes short
again and again;
who knows the great enthusiasms,
the great devotions,
and spends himself in a worthy cause;
who, at best, knows in the end
the triumph of high achievement;
and who, at the worst, if he fails,
at least fails while daring greatly,
so that his place shall never be with those cold and timid souls
who know neither victory nor defeat.

Theodore Roosevelt

Nicht der Kritiker zählt,
nicht derjenige, der hervorhebt,
wie der Starke stolperte
oder wie der Tatkräftige
hätte etwas besser machen können.

Die Anerkennung gebührt dem,
der tatsächlich im Ring steht;
dessen Gesicht von Staub, Schweiß und Blut verschmiert ist;
der sich unverzagt bemüht;
der Fehler macht und immer wieder
knapp vor dem Ziel scheitert;
der die große Begeisterung kennt,
die große Hingabe,
und der sich für eine
bedeutende Sache verausgabt;
der am Ende, wenn es gut geht,
den Triumph einer großen Leistung kennt;

und der, wenn es schief geht und er versagt,
wenigstens bei einem mutigen Versuch versagt,
so dass sein Platz niemals unter solch kalten und ängstlichen
Seelen sein wird,
die weder Sieg noch Niederlagen kennen.

Theodore Roosevelt
Übersetzung: Mark Heinemann

Fünfter Schritt: EINGLIEDERUNG

116

Die gefundenen Verlorenen in die Gemeinde integrieren

Der gute Hirte zählte, erkannte, wertete, setzte Prioritäten, woraus sich seine Strategie ergab, er entschied sich, ging und suchte - bis er fand. Die Vorgang bis zur Entscheidung dauerte in seinem Fall nicht lange. Er musste nicht erst seine Gedanken sortieren, seine Werte ordnen. Seine Einstellung war seit langem klar, er war bekannt als ein guter Hirte.

Unsere Theologie entscheidet über die Strategie unseres Dienstes, darüber wie wir denken und handeln. Sie ist die Grundlage für die Werte, die Bibel gibt die Maßstäbe. Unsere Beziehung zu Gott zeigt sich auch darin, wie und inwieweit wir seinen Willen in unser Leben integriert haben. Dann merken das auch andere, wenn das Wesen Gottes wenigstens ansatzweise bei uns erkennbar wird. Gott will, dass sich alle Menschen der Wahrheit zuwenden und gerettet werden. (1.Tim.2,4) Das ist eindeutig. Hier wird auch schon die Methode der Rettung deutlich: Rettung geschieht durch Zuwendung zur Wahrheit. Der gute Hirte hat auch deutlich gemacht, wen oder was er als Wahrheit sieht: Er ist die Wahrheit selbst in Person; ebenso ist er der Weg zur Rettung, und die Rettung geschieht nicht im Zinksarg: das Verlorene beginnt sein Leben neu. (Joh.6,14)

Beim Gleichnis vom Verlorenen Sohn (Lk. 15,11-24) wird ein anderer Aspekt der gleichen Situation beschrieben. Der Vater wusste nicht, wo er den Sohn suchen sollte. So blieb ihm "nur" das aktive, erwartungsvolle Gebet: Er hielt täglich Ausschau nach der Erhörung. Er hatte die Hoffnung nicht aufgegeben.

Anders ist das Verhältnis zum älteren Sohn, (V.25-32) der immer in der Nähe des Vaters war, aber keine Beziehung zu ihm aufgebaut hatte. Es lag keine grobe Verfehlung oder Trennung vor, die ihn als "verloren" erkennen lassen würden. Er findet sich eher in der Kategorie der Pharisäer, die sich für so gerecht halten, dass sie Buße nicht nötig haben. Er ärgert sich sogar über den "wiedergefundenen" Bruder und lässt sich bewusst nicht von der Freude anstecken.

Beim Gleichnis von der verlorenen Münze (Lk. 15,8-10) nimmt die Frau Besen und Licht - sie verwendet aktiv relevante Werkzeuge!

Der gute Hirte machte sich auf den Weg und er suchte so lange, bis er gefunden hat. Er hielt durch, auch unter schwierigen Verhältnissen, und als die Situation zunächst hoffnungslos erschien.

Das Ziel war nicht der Weg, der Zweck war nicht das Suchen, sondern das Finden.

Dann bricht plötzlich Freude durch: Das Verlorene ist gefunden! Er hatte einen weiten Weg gehen müssen - so weit wie das Verlorene von der Hürde entfernt war. Der gute Hirte musste den ganzen Weg zu ihm hin gehen. Das Verlorene kam ihm keinen Schritt entgegen. Es hat ihm die Suchaktion auch nicht im Geringsten erleichtert. Vielleicht hatte es am Anfang noch die Kraft zu blöken, aber auch das hat es dann vielleicht aus Angst nicht mehr getan. Der gute Hirte konnte also noch nicht einmal ein akustisches Zeichen erwarten.

Wie auch immer: Kein Suchender findet auf die gleiche Art und Weise wie ein anderer; aber alle können voneinander lernen.

Ein wunderbares Erlebnis: Das Verlorene ist gefunden! Was macht der gute Hirte nun mit ihm?

Er hob es auf *seine* Schultern. *Er* trug die Last. *Er* nahm die Beschwerden des Heimwegs auf *sich*. Er jagte es *nicht* schimpfend, grollend oder schmollend mit dem Hirtenstab vor sich her, ihm die Richtung zum weit entfernten Stall oder zur Hürde weisend: "Weißt Du nicht, wo Du hingehörst? Dort ist dein Platz! Was machst Du mir aber auch für Umstände!"

Der gute Hirte musste nun den ganzen Weg zurückgehen, müde und abgespannt wie er war. Dazu noch mit der Last des

Verlorenen. Der Heimweg war damit vielleicht sogar be-
schwerlicher als der Suchweg.

Das Verlorene sollte auf dem schnellsten Weg zur Ruhe
kommen. Er trug es heim, brachte es zur Herde - wenn es ein
Lamm war, vielleicht zum Mutterschaf, jedenfalls nicht zu ag-
gressiven Kollegen. Der gute Hirte hielt wahrscheinlich ein
wachsames Auge auf ihm, bis es Nahrung zu sich genommen
hatte und in erholsamen Schlaf gefallen war - und am nächsten Tag weiter, bis es ganz eingegliedert war. Es sollte sich
ganz zuhause fühlen, bis es alle anderen angenommen hatten
- bis es nicht mehr das Bedürfnis hatte, wegzulaufen, auch
nicht durch die Hintertür. Auch nur innerlicher Hörnerkampf
muss vermieden werden.

Wenn verlorene Menschen zum Glauben an den Herrn Jesus
Christus finden durch die Verkündigung des Evangeliums,
durch anhaltende Sorge und treues Gebet, durch eine intensive Beziehung, die über lange Zeit aufgebaut und gehalten
wurde, durch das Vorbild unseres Lebens und Glaubens (es
sind immer verschiedene Faktoren, die sich auswirken), - was
geschieht dann? Finden die Gefundenen eine Heimat in unseren Gemeinden? Spüren sie Liebe und Geborgenheit? Werden sie angenommen, auch wenn sie noch den Geruch der
"Welt" - Nikotin, Parfüm oder Alkohol an sich haben? Oder
rücken die Christen naserümpfend zur Seite? Werden die jungen Christen mit Anstandsregeln und frommen Gesetzen
empfangen? Müssen sie sich zuerst umziehen oder zum Fri-
seur gehen, bevor sie in unserer Gemeinde zugelassen werden? Dürfen sie ihren Hund mitbringen nach dem Sonntag-
morgen"gassi"?

Das sind wirksame Methoden, Freude der Rettung im Keim zu
ersticken, die erste Liebe effektiv zu löschen.

Wer trägt die Verantwortung für die Eingliederung?

Die Gemeinde. Das bekannte Verhältnis des Aufwands und der Mühe für die Bekehrung - das Suchen und Finden - zu denen der Eingliederung und im Glauben zu festigen ist eins zu neun. Neunzig Prozent der Arbeit liegen jetzt noch vor der Gemeinde.

Ist es immer die Schuld derer selbst, die nach einigen Besuchen wieder wegbleiben? Finden wir Erklärungen dafür, warum sich "Weltmenschen" in unserer "geistlichen" Atmosphäre natürlich nicht wohlfühlen können? Sind uns die eigenartigen Fragen und Bemerkungen der Neuen lästig? Hat man das nicht schon vorher gewusst, dass der "Verlorene" sicher nicht lange durchhält?

Ist christliche Liebe wirklich so abstoßend?

Was passiert, wenn die neunundneunzig von der Sorte sind, die meinen, sie hätten keine Buße nötig, die im Verlorenen nicht das Spiegelbild ihres eigenen Lebens erkennen, sondern meinen, sie seien geistliche Christen und sie wüssten doch, wie und was ein Christ ist? Die meinen, die "Neuen" könnten eine ganze Menge von ihnen lernen? Was passiert, wenn eine Gemeinde den Eindruck gibt, sie sei schon fertig, sie sei besser und wohl die einzig richtige, dann hält es kein neugeborener Christ lange darin aus - oder er wird bald zur Kopie des Pharisäismus, der in dieser Gemeinde herrscht. (Mt.23,15)

Die Eingliederung in die Herde, in die Gemeinde, ist ein heikler Prozess, bei dem noch einmal alles, die ganze Rettungsaktion, auf dem Spiel steht. Es erfordert die harmonische Zusammenarbeit aller Glieder, dass sich ein Neubekehrter zurechtfindet. Die Struktur der Gemeinde ist dabei entscheidend: ist sie flexibel und dynamisch genug, die fremdartigen Elemente in Liebe aufzufangen und mit Geduld im Gebet zu tragen, mehr noch: darf sich die Struktur verändern, auf die Neubekehrten zu bewegen? Oder ist sie so starr und statisch, dass die Tradition höher gewertet wird als Retterliebe? Der Heilige

Geist hat dann am meisten Ansatzpunkte in der Gemeinde, wenn das Wort Gottes allen Gliedern, den neuen und den alten, als Wahrheit in Liebe gesagt wird. (Eph.4,15)
Jeder neue Christ gibt der Gemeinde viele neue Aufgaben und macht eine Menge Arbeit. Mit jedem Neubekehrten verändert sich die Struktur der Gemeinde ein wenig - sie verliert nicht an geistlicher Substanz, sondern wird darin vertieft und gefestigt, wenn sie in Liebe die Wahrheit anwendet. Die Anwendung richtet sich auf die Neuen, und dabei verändert sich die Struktur.

Sechster Schritt: Kommunikation

Verbindung miteinander aufnehmen, sich gegenseitig mit Freude motivieren
Wir hatten es schon gemerkt: Als der gute Hirte das Verlorene gefunden hatte, brach Freude bei ihm durch. Sie hielt an, sie gab ihm die Kraft für den Heimweg, für die Geduld, die er brauchte. Die Müdigkeit war wie weggefegt.
Wenn ein Kind geboren wird, "glühen" bestimmte Telefondrähte. Die Nachricht läuft. Hatte man sich doch solche Sorgen gemacht vorher. Nun haben sie es alle überstanden, die Mutter, das Kind - und der Vater. Manchmal ist man nicht sicher, wer den größten Kampf zu bestehen hatte. Die schwierige Schwangerschaft, die Wehen, die Schmerzen der Geburt und das hohe Risiko verblassen plötzlich im Hintergrund. Der Vater hat den enormen Vorteil, dass er die Neuigkeit sofort weiterleiten kann. Man merkt ihm die Freude an; sie ist unbändig.
Der gute Hirte beschreibt die Freude in Joh.16,21-22 zwar in einem anderen Zusammenhang, kommt jedoch dann zu dem Schluss, der auch hier greift: diese Freude kann euch niemand nehmen! Die Freude der Rettung auch des Verlorenen geht

über die Freiheit, über Besitz - manche jungen Christen müssen sich heute zwischen dieser Freude und ihren bisherigen Werten entscheiden. Sie können sich erst davon trennen, wenn sie von der Freude erfasst sind; das vorher schon von ihnen zu erwarten, wäre weder biblisch noch wären sie dazu imstande. Im Moment bleiben wir jedoch beim Suchenden:

Die Freude des guten Hirten ist so groß, dass er sie nicht bei sich behalten kann. Freude beginnt da, wo gefunden wird, und Freude wird multipliziert, wenn sie mitgeteilt wird, wenn man andere daran teilhaben lässt. Er kann jetzt nicht einfach zu Bett gehen. Es drängt ihn dazu, andere an seiner Freude teilnehmen zu lassen. Noch einmal macht er sich auf den Weg - diesmal zu seinen Nachbarn und Freunden. Wahrscheinlich war es mitten in der Nacht. Er muss ein sehr gutes Verhältnis zu ihnen gehabt haben, dass er sie aufwecken und auffordern konnte: "Freut euch mit mir! Ich habe mein verlorenes Schaf wiedergefunden!" Er erzählt sein Erlebnis denen, die ihn verstehen können, die schon in der gleichen Lage waren, die sich neidlos mitfreuen. Hier findet Freude Resonanz. (Phil. 4,4-5)

Wenn die Nachbarn und Freunde ebenfalls gute Hirten waren, hat sich die Aufforderung zur Freude erübrigt. Sie freuten sich selbstverständlich. Wahrscheinlich hatte es sich schon herumgesprochen, dass er noch unterwegs war und sie hatten ihn in Gedanken begleitet; vielleicht warteten sie darauf, Nachricht zu erhalten: "Ruf mich an, egal wann!"

Andere müssen tatsächlich darauf aufmerksam gemacht werden, dass eine Bekehrung Grund zur Freude ist. "Christen", denen es suspekt ist, wenn Andere Christen werden, haben Buße nötig.

Wenn wir von dem weitersagen, was *wir* tun, erregen wir Anstoß. Der gute Hirte war sich bewusst, dass schon viele vor ihm Verlorene gesucht hatten und manche die Suche ergebnislos abbrechen mussten: Sie sind selbst in Gefahr geraten, oder sie kamen zu spät - sie fanden nur noch ein zerrissenes Fell. Das war dann frustrierend für alle andern. Der Suchende darf also den Verdienst nicht sich selbst zuschreiben. Er darf sich selbst nicht damit wichtig machen oder sich über andere stellen. Besserwisserei denunziert andere. Das weckt Neid.

Aus Angst davor, missverstanden zu werden, erzählen manche nichts von ihrer Freude; oder sie schweigen aus falscher Scham.

Wir müssen uns motivierend mitteilen. Wenn wir erzählen, was der gute Hirte getan hat, wecken wir Freude. Funken der Freude springen über und entfachen ein Freudenfeuer in der Gemeinde; Freude stimuliert Hoffnung, motiviert den Glauben, macht Mut, konsequent Christ zu sein und stimuliert den Rettersinn. Neues Leben pulsiert, Christen geraten in Bewegung. Der Heilige Geist bestimmt die Situation. Das ist die richtige Atmosphäre für Neubekehrte.

Christen, die in den Fußstapfen des Heiligen Geistes gehen, die von ihm beauftragt und mit Verantwortung betraut wurden (1.Pe.2,21/Apg.20,28), müssen miteinander reden, voneinander lernen, sich gegenseitig helfen, stärken, immer neu die Freude unter ihnen entfachen und sie schüren.

Was ist das für eine Gemeinde, in der die Freude fehlt!?

Akzeptieren und lieben wir uns gegenseitig, so wie uns der gute Hirte ausgerüstet hat durch den Heiligen Geist mit Fähigkeiten, dürfen wir auch erwarten, dass er uns befähigt für die Aufgabe, die er uns gibt. Wir sollten bereit sein, jahrzehntelang gewachsene Mauern der Bitterkeit oder der Tradition abzutragen, Hecken und Zäune der Denominationen, Theologien oder der Geschichte zwischen uns verkümmern zu lassen oder sie bewusst abzubauen - oder sie zumindest so niedrig zu halten, dass wir mit Schwung darüber hinweg springen oder uns wenigstens darüber die Hände reichen können.

Viele Verlorene können nicht durch einzelne Suchende gefunden werden - es braucht gemeinsame Einsätze, wenn wir den Auftrag effektiv ausführen wollen. Es kommt dabei auch auf den Einzelnen an, auf seine Bereitschaft, im Team arbeiten zu wollen, sich einreihen zu lassen in die Gruppe derer, die den Missionsbefehl ernst nehmen, die verlorene Menschen für Jesus gewinnen wollen und dabei auch an solche denken, die seither nicht oder nicht auf bisherigen Wegen gefunden werden konnten.

Wir sollten Erkenntnisse und Erfahrungen austauschen, die wir im Gemeindedienst gewinnen. Eine Möglichkeit dazu ist z.B. in einer gezielten Fortbildung gegeben. Bei regelmäßigen Treffen zum Austausch über das Wort Gottes und über unseren Dienst sowie zum Gebet geschieht Korrektur; wir lassen uns geschwisterlich hinterfragen.

Sich mitzuteilen erfordert, sich dem anderen zu öffnen, ein Risiko einzugehen. Zuhören und Ratschläge erfordern Demut und die Bereitschaft zur Veränderung. Die Jünger des guten Hirten begannen erst richtig zu lernen und sich zu verändern, als sie den Heiligen Geist erhalten hatten. "Dämpfet nicht den Heiligen Geist Gottes", warnt uns ein Suchender, der unterwegs war und manche Verwundungen erhalten hat. (1.Thes.5,19) Er entwickelte Suchstrategien in einer beispielhaften Kombination von menschlicher Vernunft und geistlicher Weisheit, biblischem Wissen und geschichtliche Erfahrung einerseits; konsequente Beeinflussung und Leitung durch den Heiligen Geist waren die Parallelen dazu. Das schließt sich gegenseitig nicht aus. Letztlich können wir in Europa unsere Rettung darauf zurückführen.

Nach dieser Strategie hat unser Herr Jesus Christus selbst begonnen, seine Gemeinde zu bauen. Nach diesem Vorbild haben seine Jünger gearbeitet. Diese Grundlinien unserer Strategie sollen auch heute noch in unserer Arbeit sichtbar sein. Wenn wir in den Fußspuren des Heiligen Geistes gehen, wird das Wesen des Guten Hirten erkennbar und spürbar in und durch uns.

Klaus W. Müller

Fachbereichsleiter Missionswissenschaft und Evangelistik, FTA Gießen; Gastprofessor Missionswissenschaft, ETF Leuven

Exegetischer Klärungsversuch zu 1. Tim 2,11-12. Ein Beitrag zur aktuellen Diskussion unter Berücksichtigung des Kontextes. Manfred Baumert, M.A.

Persönliches Wort

Willi Faix kenne ich aus drei Perspektiven. Zunächst als Dozent vor über 20 Jahren. Damals beeindruckten mich seine Exegesen und die Art der Verkündigung, die oft für unerwartete "Aha-Erlebnisse" sorgten. Dies und seine unkonventionellen Literaturtipps prägten nachhaltig. Später in den Herausforderungen des Dienstes war er immer für fachliche Fragen und Probleme ansprechbar und nahm Anteil am persönlichen Ergehen. In den letzten Jahren haben wir zusammen im Team mit den anderen Dozenten des Theologischen Seminars Adelshofen die Neukonzeption der Ausbildung voran getrieben. Hervorstechend ist seit jeher sein unermüdlicher Drang, in unterschiedlichen Fachdisziplinen auf dem aktuellen Forschungsstand zu sein sowie bedeutsame aber vernachlässigte Literatur zu verarbeiten. Ja, wenn irgend möglich ist Willi Faix bemüht, Trends und Entwicklungen in Gesellschaft und Kirche zu erforschen, zu analysieren und ohne antagonistische Endzeit-Apologie positive Lösungsansätze und daraus ntl. Lebensformen zu entwickeln, die der Gemeinde Jesu dienen.

"Eine Gemeinde, die Frauen zum Schweigen verdammt, beraubt sich selbst um die Hälfte ihrer Wirkkraft." Dieses Statement klingt nach Willi Faix, der schon vor den einschlägigen evangelikalen Publikationen für eine teamorientierte Einbeziehung der Frauen in Leitungsgremien und Gemeindearbeit auf allen Gebieten plädierte. Auch wenn die obige Begründung auf Charles Finney[32] zurückgeht, konnte Willi Faix zu dieser Thematik ebenso herausfordernd sprechen. Wahrscheinlich würde er sich selbst eher in die Auslegungstradition des N. L. Graf v. Zinzendorf einreihen,[33] dem er sich durch die Thematik der Gemeinschaft besonders verbunden weiß. Der vorliegende Beitrag, den ich ihm zu seinem 60. Geburtstag widme, nimmt die sog. "Frauenfrage" unter einem exegetischen Gesichtspunkt auf.

1. Problemanzeige

Wie die Publikationen der letzten Jahre und Monate zeigen, ist die sog. "Frauenfrage" innerhalb der evangelikalen Bewegung noch nicht geklärt.[34] Zum einen zeigt sich ein ehrliches Ringen um die Gesamtsicht der biblischen Belege. Auf der anderen Seite scheinen sich die Fronten eher noch zu verhärten. Was bleibt, ist die Unsicherheit in Gemeinden. Theologisch geht es um die Frage, ob eine Frau überhaupt lehren darf. Dabei ist interessant, dass sich ausgerechnet an dieser Fragestellung die Gemüter erhitzen, wo doch längst Frauen in der äußeren

---

[32]C. Fenny, vgl. in: R. Tucker und W. Liefeld, Daughters of the Church, Grand Rapids: Zondervan, 1987, 252. M. B. Smith, I. Kern (Hg.), Ohne Unterschied, Frauen und Männer im Dienst für Gott, Leitungsaufgaben in christlichen Gemeinden und Werken. Eine Herausforderung, die Grundlagen neu zu überdenken, Gießen: Brunnen, 2000, 117.

[33]Bei Zinzendorf wurden Frauen voll in das gemeinsame Leben und Handeln der Gemeinde integriert. Vgl. J. Roloff, Der erste Brief an Timotheus, EKK, Bd. XV, Hg. J. Blank u.a. Neukirchen: Neukirchener, 1988, 145.

[34]Vgl. u.a. I. Kern und E. Bürgener, Sagt Gott ja zu Frauen in Leitungsämtern? IDEA Spektrum 22 (2000), 25.

Mission und in Deutschland an theol. Ausbildungsstätten unterrichten, im religions-pädagogischen Bereich Kinder und Jugendliche lehren und als Gemeindepädagoginnen einen wertvollen Dienst tun. Die Spannung bzw. der Widerspruch zeigt sich dort, wo zwar die vielfältigen Dienste der Frauen in den Gemeinden[35] stillschweigend akzeptiert werden, andererseits aber Dienste als Mitälteste oder Führungsaufgaben in Gemeinden und christlichen Werken sowie schlicht die Beteiligung an evangelikalen Arbeitskreisen nicht erwünscht scheint.

2. Eingrenzung

Dass die Geschichte der Auslegung seit der Patristik im Laufe der Kirchengeschichte sich zu einem negativen Frauenbild entwickelte,[36] ist bekannt.[37] Die neuere Literatur kann in diesem Rahmen ebenso wenig verfolgt und gewertet[38] werden wie eine Analyse der jüngsten Veröffentlichungen.[39] Weil in

---

[35]Ca. 70% der ehrenamtlichen Mitarbeit wird von Frauen getan. Vgl. F. & R. Höher, Handbuch Führungspraxis Kirche: Entwickeln, Führen, Moderieren in zukunftsorientierten Gemeinden, Gütersloh: Gütersloher Verlagshaus, 1999, 29.

[36]Vgl. u.a. J. Roloff, a.a.O., 142-146.

[37]Auf diesem Hintergrund entstand die "Feministische Exegese." Vgl. M. Oeming, Biblische Hermeneutik. Eine Einführung, Darmstadt: Primus, 1998, 129-139.

[38]Vgl. A. Ableiter, Das Lehrverbot für die Frau in 1. Tim 2,11-15. Darstellung und Auswertung verschiedener exegetischer Auslegungsmöglichkeiten im evangelikalen Bereich unter Berücksichtigung hermeneutischer Gesichtspunkte, Korntal: Akademie für Weltmission, Externes Studienzentrum Columbia International University, 1996, 25-150.

[39]Vgl. u.a. A. Köstenberger, T. R. Schreiner, H. S. Baldwin (Hg.), Frauen in der Kirche. 1. Tim 2,9-15 kritisch untersucht, BWM, Bd. 6, Gießen: Brunnen, 1999. G. Bilezikian, Gemeinschaft: Gottes Vision für die Gemeinde, Asslar: Projektion J, 1999. A. Kuen, Die Frau in der Gemeinde, Wuppertal: Brockhaus, 1998. H. Hempelmann, Gottes Ordnungen zum Leben,

den Past die Irrlehre eine große Rolle spielt und speziell im 1. Tim von Frauen die Rede ist, die falsche Lehren hin und her in den Häusern verbreiten (1. Tim 5,13), wäre eine Exegese von 1. Tim 5 wichtig. Doch auch diese Arbeit wird hier nicht geleistet.[40] Der vorliegende Beitrag widmet sich einzig dem schwierigen Text aus 1. Tim 2,11-12 in seinem Kontext.

3. Hermeneutische Vorbemerkungen

1. Zu einer ersten hermeneutischen Voraussetzung gehört die Einsicht, dass es eine voraussetzungslose Exegese nicht gibt.[41] Jeder, der sich mit der Stellung der Frau in der Bibel beschäftigt, müsste sich daher zuerst Rechenschaft geben, welche Vorverständnisse und welches Frauenbild ihn geprägt haben. Die eigene Erziehung, Erfahrungen, Gemeindehintergrund, theologische Ausbildung, gesellschaftliches und kulturelles Umfeld sind dabei zu bedenken.

2. Neben diesen Vorprägungen bedarf es der Wahrnehmung der Auslegungsgeschichte zur Rolle der Frau, weil der Exeget selbst in eben dieser Tradition steht. Erst im Anschluss daran kann die exegetische Arbeit erfolgen, die offen sein sollte für Korrektur.

3. Ein weiterer Schlüssel der Hermeneutik, der den Zugangsweg zur Textstelle bestimmt, ergibt sich durch die hier nicht unterstützte Prämisse, dass es sich bei den Past

---

Die Stellung der Frau in der Gemeinde, Bad Liebenzell: Liebenzell, 1997. M. B. Smith und I. Kern (Hg.), a.a.O.

[40]Vgl. U. Wagener, ebd., 115-234.

[41]Vgl. T. Söding, Wege der Schriftauslegung, Methodenbuch zum NT, Freiburg: Herder, 1998, 224.

um pseudonyme Schriften[42] handelt und insbesondere die Unklarheit des Syntax in 1. Tim 2,8-15 (wie schon 1. Kor 14,34f[43]) auf eine spätere Interpolation von Traditionsmaterial schließen ließe.[44]

4. Für das Verständnis des Textes ist die "umgekehrte Kontextualisierung" von Bedeutung. Es gilt zu fragen, inwieweit sich im Laufe der Kirchengeschichte die Stellung der Lehre und Unterweisung, der Gottesdienst und darin die Rolle des Pastors, der Verkündigungsdienst usw. vom ursprünglichen Bezugsrahmen gelöst und verändert hat.[45]

5. Die weiterentwickelte Gemeindesituation in den Past darf im Bezug auf "Ämter" nicht gegen die anderen Paulus-Gemeinden ausgespielt werden. Es ist eher ein fließender Übergang der Gemeindeformen zu erkennen. Aufmerksamkeit verdient allerdings die besondere Problematik der Irrlehrer.

6. Die Ergebnisse der Exegese sind in Relation zur neuen Stellung und Würdigung der Frau bei Jesus und der maßgeblichen Mitarbeit der Frauen bei Paulus zu setzen.

7. Um nicht der Gefahr des anachronistischen Denkens zu erliegen, muss schließlich der Unterschied zur heutigen Gemeindestruktur mit ihren Kirchgebäuden wahrgenommen werden. In den Past wie sonst in den Paulusbriefen ist selbstverständlich mit der üblichen o-ikoj-Konzeption zu

---

[42]Vgl. J. Roloff, a.a.O., 23-48.

[43]"Kurzum: 1. Kor 14,34f ist deutero- bzw. tritopaulinisch." W. Schrage, Der erste Brief an die Korinther (1. Kor 11,17-14,40), EKK, Bd. VII/3, Hg. N. Brox u.a., Neukirchen: Neukirchener, 1999, 486.

[44]Etwa G. Holtz, die Pastoralbriefe, ThHK, Bd. 13, Hg. E. Fascher, J. Rohde und C. Wolff, Berlin: Evang. Verlagsanstalt, [3]1980, 72-73.

[45]Vgl. dazu die berechtigten Anfragen von A. Kuen, a.a.O., 219-230.

rechnen.[46] Das Haus im Sinne des *Wohn*hauses, der Großfamilie und das Haus in der Bedeutung der gemeindlichen Versammlungsstätte überschneiden sich.[47] Vor dem Hintergrund der o-ikoj-Konzeption, die zugleich eine ekklesiologische Struktur beschreibt, ist 1. Tim 2,11-12 zu verstehen.[48] Das Potential der Großfamilie wird zwar für die Gemeinde nutzbar gemacht,[49] umgekehrt tritt aber die Hausgemeinde mit ihren Verpflichtungen nicht an den Platz der Großfamilie. In den Past lässt sich jedoch beobachten, dass die speziellen Anweisungen für die Großfamilie durch die Hausgemeinderegeln bekräftigt werden (1. Tim 3,3-5).[50]

---

[46]Vgl. 1. Tim 3,4.5.12.15; 5,4; 2. Tim. 1,16; 4,19; Tit. 1,11.

[47]Vgl. R. Reck, Die Bedeutung der Häuser, 235-241 in: Kommunikation und Gemeindeauf-bau. Eine Studie zu Entstehung, Leben und Wachstum paulinischer Gemeinden in den Kommunikationsstrukturen der Antike, SBB, Bd. 22, Hg. H. Frankemölle und F.-L. Hossfeld, Stuttgart: Kath. Bibelwerk, 1991, H.-J. Klauck, Die Hausgemeinde als Lebensform im Urchristen-tum, 11-28 in: Gemeinde – Amt - Sakrament: Neutestamentliche Perspektiven, Würzburg: Echter, 1989.

[48]So auch J. Roloff, Exkurs: Das Kirchenverständnis der Pastoralbriefe, in: a.a.O., 211-217. Da Roloff Paulus nicht als Autor der Past ansieht, reduziert er die Gemeinde als Haus (1. Tim 3,15) im Gegensatz zur geistgewirkten Gemeindestruktur bei Paulus in eine statische Form. Das geistgewirkte Wachstum ist der Festigung der Institution gewichen.

[49]Vgl. H.-J. Klauck, a.a.O., 27. So bietet die Hausgemeinde einen besonderen Ort der Nähe zueinander und gibt Gelegenheit zu Glaubensäußerungen. Sie ist "Gründungszentrum und Baustein der Ortsgemeinde, Stützpunkt der Mission, Raum des Gebets, Ort der katechetischen Unterweisung."

[50]Vgl. U. Wagener, Die Ordnung des Hauses Gottes. Der Ort von Frauen in der Ekklesiologie und Ethik der Pastoralbriefe, WUNT, Bd. 65/2, Hg. M. Hengel und O. Hofius, Tübingen: Mohr, 1994, 231.

4. Exegetischer Klärungsversuch

4.1 Kontext

Die speziell Frauen betreffende Anweisung in 2,11-12 steht im unmittelbaren Kontext von 2,9-15 und im größeren Zusammenhang von 2,1-3,16. Dieser Abschnitt unterteilt sich in zwei Passagen: Kapitel 2,1-7 enthält die Gebetsanweisung mit einer missionarischen Zielrichtung. Auf Grund der o-ikoj-Konzeption sind aber nicht einseitig - wie weithin postuliert - Anordnungen für den Gottesdienst zu sehen.[51] Eher entspricht der Aufbau (Obrigkeit, Männer, Frauen) den sog. "Haustafeln", die zum Verhalten im Haus ermahnen.[52] Unterdessen beschreibt Kap. 3 die Qualifikation der Gemeindevorsteher und Diakone.

Kapitel 2 beginnt mit der allgemeinen Anordnung zum Gebet in allen Formen (2,1) und schließlich: evn panti. to,pw (2,8: an jedem Ort|). Ob die Anweisung für das Gebet der Männer (2,8) demnach nur im gottesdienstlichen Rahmen gemeint ist, bleibt fraglich. Auf jeden Fall knüpft die Konjunktion ou=n (also) an die Verse 1-7 an und wird so zur Schlussfolgerung der grundlegenden Aussagen zum Gebet. Auf diese kurze Anweisung für die Männer (2,8) folgt mit dem Adverb w`sau,twj (desgleiche) die erheblich umfassendere Ermahnung an die Frauen

---

[51]Allzu schnell wird die heutige Gottesdienstform mit der zentralen Stellung der Predigt in den Text eingetragen anstatt 1. Kor 14,26.31 zu bedenken. Denn "die Versammlungen bestanden aus informellen Gesprächen, bei denen jeder seinen Beitrag zur gemeinsamen Erbauung lieferte." A. Kuen, a.a.O., 226.

[52]Vgl. L. Oberlinner, Die Pastoralbriefe, Erster Timotheusbrief, HThK, Bd. XI/2, Hg. J. Gnilka und L. Oberliner, Freiburg: Herder, 1994, 83.

(2,9-15).[53] Nach Abschluss der Einzelexegese wird nochmals auf die kontextuelle Verbindung zwischen 2,9-10 und 2,13-15 einzugehen sein.

4.2 Analyse der Satzstruktur

Die Verse 11 und 12 sind antithetisch (de.Ü), sodass den Geboten des Lernens und der Unterordnung die Verbote des Lehrens und Herrschens einander gegenüberstehen.[54]

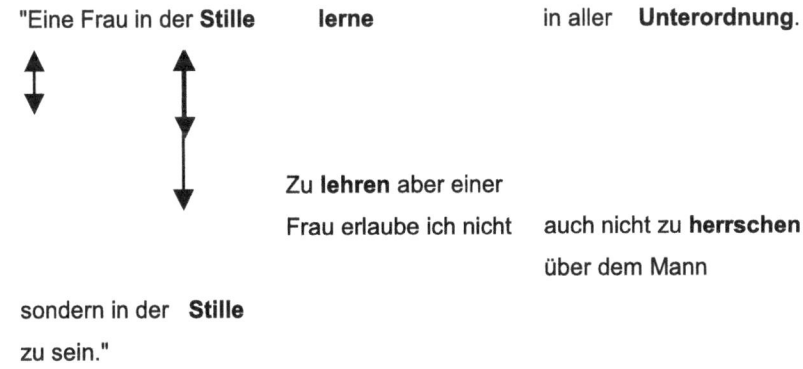

"Eine Frau in der **Stille**   **lerne**   in aller **Unterordnung**.

Zu **lehren** aber einer
Frau erlaube ich nicht   auch nicht zu **herrschen**
über dem Mann

sondern in der **Stille**
zu sein."

---

[53]Die nachfolgende Bekräftigungsformel pisto.j o` lo,gojÅ (3,1: Glaubwürdig (ist) das Wort) bezieht sich noch auf 2,15, denn alle Abschnitte mit dieser Formel sind mit einer Rettungsverheißung verbunden (1. Tim 1,15; 3,1a; 4,9; 2. Tim 2,11; Titus 3,8). Mit 3,1b beginnt damit eine neue Thematik. Vgl. A. Schlatter, Die Kirche der Griechen im Urteil des Paulus. Eine Auslegung seiner Briefe an Timotheus und Titus, Stuttgart: Calwer, ³1983, 95.

[54]Ähnlich vgl. U. Wagener, a.a.O., 75.

Jetzt wird deutlich, dass dem Gebot der Stille am Anfang (2,11), der Schluss von Vers 12 entspricht. Der Gedankenkreis ist damit geschlossen und zeigt die Zusammengehörigkeit der Verse. Auch die beiden Gegensätze zwischen Lernen und Lehren einerseits und der Unterordnung und dem Herrschen andererseits treten durch die Satzstruktur hervor.

4.3 Einzelexegese

2,11a: "Eine Frau lerne in der Stille mit aller Unterordnung."

gunh. evn h`suci,a| manqane,tw evn pa,sh| u`potagh/|\

Zuerst ist zu fragen, ob mit dem Begriff gunh. die Frau allgemein oder speziell die Ehefrau gemeint ist. Allein der Ausdruck gunh. "bezeichnet die Frau ohne Rücksicht auf Alter oder Stand."[55] Im Kontext dieses Textes ist vermutlich die Ehefrau gemeint, denn in 2,15 wird die Frau in ihrer primären Aufgabe als Mutter angesprochen. Auch die Artikellosigkeit vor avndro,j (Mann) in 2,12 steht für "*ihren* Mann"[56] was gut zur wichtigen Parallelstelle aus 1. Kor 14,35 passt, die ausdrücklich die ivdi,ouj a;ndraj (eigenen Männer, vgl. Titus 2,4-5) erwähnt[57] und

---

[55]J. B. Bauer, gunh, EWNT, Bd. I, 642 - 643. 643.

[56]F. Blass und A. Debrunner, Grammatik des neutestamentlichen Griechisch, Göttingen: Vandenhoeck & Ruprecht, 171990, 207 (kursiv Rehkopf). Obwohl an der Richtigkeit dieser grammatischen Aussage nicht gezweifelt werden kann, ist exegetische Umsicht geboten, weil die Textbasis klein ist.

[57]Bemerkenswert ist der Textvergleich zwischen 1. Tim 2,8-15 und 1. Petr 3,1-7. Die Parallelen reichen bis in den Wortlaut hinein und beide Texte begründen das Verhalten mit atl. Vorbildern. Obwohl zwei unterschiedliche Autoren vorliegen, ist durch die inhaltliche Nähe eine gemeinsame Tradition möglich. Vgl. L. Goppelt, Der erste Petrusbrief, KEK, XII/1, Hg. F. Hahn, Göttingen: Vandenhoeck & Ruprecht, 1978, 213-214. Wort-

in ihrer Kontextverbindung ebenso das Lehren, Lernen und Unterordnen betont.

Wenn diese Erklärung richtig ist, dann richtet sich das Lehr-verbot in erster Linie an die Ehefrau.[58] Bestätigung findet die-ses Ergebnis in der bereits angezeigten Satzstruktur, in dem das Lernen in der Unterordnung (2,11) antithetisch zum Nichtherrschen über dem Mann steht (2,12). Allein aus dieser Perspektive hat A. Schlatter recht, wenn er meint: "Paulus schaltet aus dem Leben der Gemeinde alles aus, was die Ehe brüchig machen würde."[59] Auf der Folie der o-ikoj-Konzeption ist damit zugleich die Einheit der Hausgemeinde gefährdet.

2,11b: Das gebotene Lernen[60] der Frau soll in der "Stille" ge-schehen. Der hier gewählte Ausdruck h`suci,a kann "Ruhe, Frieden und Ungestörtheit" bedeuten (2,11a).[61] Aufschluss über die Signifikanz des Ausdruckes gibt 2,2. Dort wird die Motivierung zum Gebet beschrieben, die zu einem ruhigen und stillen (h;remon kai. h`su,cion) Leben in der Ausübung des Glaubens führen kann. Dass weder an ein stummes Dasein noch an ein wortloses Leben gedacht ist, versteht sich von

---

parallelen vgl. 213, Am. 2. Weil 1. Petr 3,1ff eindeutig von Ehefrauen und Ehemännern spricht und die sprachliche Nähe zu 1. Tim 2,8ff offensichtlich erscheint, stellen Ausleger 1. Tim 2,8ff eben in diesen Bezugsrahmen. Vgl. A. Kuen, a.a.O., 200-201.

[58]Der Textvergleich zwischen 1. Tim 2,8-11 und 1. Petr 3,3-7 zeigt zahlreiche Parallelen: das Gebet der Männer, die Kleidung und der Schmuck der Frauen, das Lernen in der Unterordnung. A. Kuen, a.a.O., 198-202.

[59]A. Schlatter, a.a.O., 90.

[60]Imperativ, Präsens, Aktiv.

[61]C.H. Peisker, h`suci,a EWNT, Bd. 2, 310 - 311. 311.

selbst.[62] Vielmehr gehört zur Ausübung des Glaubenslebens das Sich-Einfügen in die vorhandenen Ordnungen der Gemeinde.[63]

Wenn die Bedeutung des Lernens (manqane,tw) zur Klärung hinzugezogen wird,[64] dann kann das Lernen nie auf ein bloßes Zuhören reduziert bleiben, sondern beinhaltet das Tun der guten Werke,[65] (vgl. 1. Tim 5,4; 2. Tim 3,14; Titus 3,14). So ist das Lernen in der Stille eine höchst aktive Sache.

Bestätigung findet diese Verstehensweise durch die präpositionale Wendung evn pa,sh| u`potagh/|\(in aller Unterordnung), das die Art und Weise des Lernens beschreibt (2,11b). Das dazugehörige Adjektiv pa,sh| (alle) unterstreicht die Vollständigkeit der Unterordnung.[66] Vielleicht will Paulus jeglicher Rangverschiebung der Frau beim Lernen wehren. Und zwar in der Weise, dass damit alle Ausnahmen und Schleichwege verhindert werden sollen, durch die die Frauen bewusst oder unbewusst ggf. durch ihre äußere Aufmachung (2,9) die Männer manipulieren, um sie in eine innere Abhängigkeit zu sich bringen.[67]

---

[62]Vgl. A. Schlatter, a.a.O., 88.

[63]Vgl. 1. Thess 4,11 und 2. Thess 3,12. Das Sich-EinFügen ist Kennzeichen des Geistbegabten im Gottesdienst (1.Kor 14,32-33) mit dem Ziel, zur Einheit und dem Frieden in der Gemeinde zu gelangen.

[64]Das Lernen (manqane,tw) ist mit der Wortgruppe des Jüngers (maqhtai.) verbunden.

[65]Im Gegensatz zu den Frauen, die falsche Lehren verbreiten und lernen faul zu leben (vgl. 1. Tim 5,13).

[66]Vgl. B. Reicke und G. Bertram, pa,sh, ThWNT, Bd. V, 885 - 895. 885 - 886.

[67]So G. Holtz, Die Pastoralbriefe, ThKNT, Bd. XIII, Hg. E. Fascher, J. Rohde und C. Wolff, Berlin: Evang. Verlagsanstalt, [3]1980, 69.

2,12a: "Einer Frau gestatte ich nicht, dass sie lehre, auch nicht, dass sie über den
Mann Herr sei, sondern sie sei still."
dida,skein de. gunaiki. ouvk evpitre,pw ouvde. au-
vqentei/n avndro,j(avllV ei=nai evn h`suci,a|Å

Die öfters zu lesende Ansicht, Paulus würde "nicht allgemein, sondern *auffallend persönlich*: 'Einer Frau gestatte *ich* nicht, dass sie lehre'" schreiben, ist keineswegs dahingehend zu interpretieren, als würde Paulus seine Privatmeinung vertreten.[68] Selbst wenn evpitre,pw in der 1. Person steht, redet Paulus auch sonst jeweils unter der Leitung des Geistes (1. Kor 7,40) oder ist am Herrn ausgerichtet (1. Kor 16,7).[69]
Viel umstrittener ist die Fragestellung, ob 2,12 zwei Verbote oder nur eines beinhaltet. Wenn es sich um *zwei* Verbote handelt, dann darf eine Frau weder lehren noch über den Mann herrschen. Wenn es sich um *ein* Verbot handelt, dann ist das Lehren eine nähere Erklärung des Herrschens. Also in dem Sinn: eine Frau soll nicht lehrend über ihren Mann herrschen. Ob - wie oft erklärt - die Verbindung des Partikels ouvk (nicht) mit der Konjunktion ouvde. (auch nicht)[70] *genau* dasselbe

---

[68]Vgl. u.a. F. Grünzweig, Der 1. Timotheusbrief, Edition C: Bibelkommentar, Bd. 18, Hg. G. Maier, Neuhausen: Hänssler, 1990, 107 (kursiv Grünzweig). So auch A. Schlatter, Die Briefe an die Thessalonicher, Philipper, Timotheus und Titus, Erläuterungen zum NT, Bd. 1, Stuttgart: Calwer, 1964, 145 - 146.

[69]Weitere Belege bei G.W. Knight der III, The Pastoral Epistel: A Commentary on the Greek Text, The New International Greek Testament Commentary, Grand Rapids: Eerdmans, 1992, 140.

[70]Vgl. Röm 3,10; 4,15; 11,21; 1. Kor 11,16; 15,13.16; Gal 1,1; 3,28; 4,14; Phil. 2,16; 1 Thess 2,3; 5,5; 1. Tim 2,12.

ausdrücken will,[71] greift zu weit.[72] Dennoch wirkt ouvde. hier wie eine vertiefende Steigerung, die das vorher Gesagte konkretisiert. Es liegen also zwei Verbote vor:
Ein Lehrverbot, das noch näher zu definieren ist.
Ein Lehrverbot über dem Mann als eine Form des Herrschens.

Zur Bedeutung von dida,skw in 2,12a
Mit seinen 15 Vorkommen gehört das Lehren zu einem zentralen Begriff in den Past. Obwohl durch die Voranstellung des dida,skein das Lehrverbot in 1. Tim 2,12 zusätzlich noch besonders betont ist, zeigt schon der Kontext der Past wie auch die übrigen ntl. Briefe (z.B. Phil 4,3: Mitkämpferinnen in der Verkündigung),[73] dass es sich nicht um ein generelles Lehrverbot der Frauen handeln kann.

2. Tim 2,2: "Und was du von mir gehört hast vor vielen Zeugen, das befiehl treuen Menschen (avnqrw,poij) an, die tüchtig sind, auch andere zu lehren (dida,xai)." Es ist auffällig, dass das Lehrverbot der Frauen nicht ebenfalls an Titus gerichtet wird, obwohl der Brief etwa zur selben Zeit geschrieben wur-

---

[71]So P.B. Payne und T. Edgar zitiert in A. Kuen, a.a.O., 196. U. Wagener, a.a.O., 75 - 76. L. Oberlinner, a.a.O., 96. Er sieht in der betont wiederholten Aussage einen Hinweis eines zentral zu klärenden Missstandes in Ephesus.

[72]Vgl. H. Hempelmann, a.a.O., 51, Am. 31. Vgl. P.-G. Müller, ouvde, EWNT, Bd. II, 1322. Da keine exakte syntaktische Parallele zu 1. Tim 2,12 im NT vorliegt, legte neuerdings A. J. Köstenberger eine überaus fleißige Arbeit vor, in dem er fast 50 außerbiblische Parallelen aufweisen kann, um ein zweifach voneinander getrenntes Verbot zu postulieren. Vgl. A. Köstenberger, Eine komplexe Satzstruktur in 1. Tim 2,12, 89-113, in: A. Köstenberger, T. R. Schreiner, H. S. Baldwin (Hg.), Frauen in der Kirche. 1. Tim 2,9-15 kritisch untersucht, a.a.O.

[73]Vgl. u.a Röm 16,1.6.12. Mehr dazu in: M.B. Smith und I. Kern, a.a.O.

de. Das Umgekehrte kann gesehen werden: Titus 2,3-4: "desgleichen den alten Frauen, dass sie sich verhalten, wie es sich für Heilige ziemt, . . . Sie sollen aber Gutes lehren (kalodidaska,louj)." Anscheinend werden in 1. Tim 3,11 weibliche Diakone angesprochen[74], die "eindeutig ein bestimmtes Amt wie die Ältesten" (W. Haubeck) haben (vgl. Röm 16,1). Wesentlich ist dabei auf Phil 1,1 zu verweisen, in dem die evpisko,poij (Vorsteher) und diako,noij (Diakone) als gemeinsame Leiter der Gemeinde angesprochen werden. Insbesondere in den paulinischen Hauptschriften bleibt das Lehren nicht nur charismatischen Lehrern und Lehrerinnen[75] vorbehalten (Röm 12,7; 1.Kor 12,28), sondern wird als freier Beitrag zum Aufbau der Gemeinde erwartet. 1. Kor 14,26: "Wenn ihr zusammenkommt, so hat ein *jeder* (e[kastoj) einen Psalm, er hat eine Lehre" (didach.n). Hinzu kommt die Tatsache, dass das prophetische Reden nur schwer vom Lehren zu unterscheiden ist und gerade das setzt Paulus selbstverständlich bei den Frauen voraus (1. Kor 11,5; 1. Kor 14,3).

Nun ist es eindeutig, der Ausdruck dida,skw in 2,12 muss inhaltlich eine andere Füllung haben als das, was sonst in den gezeigten Stellen im NT unter Lehre verstanden wird. Einmal ist es die spezielle Situation in Ephesus mit ihrer massiven Irrlehre, die sich in den Briefen an Timotheus widerspiegelt (u.a. 1. Tim 1,4; 4,1-3.7-8; 6,3-5.20), die die Bedeutung der Lehre eingrenzt. So kann es sich nur um die von Paulus grundlegende und maßgeblich überlieferte Lehre handeln (2. Tim 1,11). Der Ausdruck kalh.n paraqh,khn (1. Tim 6,20; 2.

---

[74]J. Roloff, a.a.O., 164.

[75]Alle Belegstellen über die Gnadengaben sprechen davon, dass sie zum Aufbau der Gemeinde dienen. Eine Unterscheidung in der Zuteilung zwischen Männer und Frauen ist im NT nicht zu finden.

Tim 1,14: anvertrautes Gut) kann in den Past als Parallelbegriff zu dida/skw gelten. Der Begriff des "anvertrauten Guts" ist aus dem juristischen Bereich übernommen, um damit die Verantwortung für die Unversehrtheit einer Sache Sorge zu tragen (Depot), die jemandem übergeben wurde. Nichts anderes ist mit der grundlegenden Lehre gemeint. Und zwar deshalb, weil das NT noch nicht in schriftlicher Form vorlag. Ausdrücklich wurde Paulus als Lehrer mit apostolischer Autorität von Gott eingesetzt, um diese grundlegende Wahrheit (1.Tim 2,7) einzig an den Gemeindeleiter (Timotheus) weiterzugeben[76] (1. Tim 1,18).[77]

Abgeleitet vom Kontext der Past und insbesondere der Timotheusbriefe ist mit dida,skw in 2,12 die maßgebliche autorisierte Lehrart gemeint, die den Frauen untersagt wird.

Welche Bedeutung hat das *hapax legomenon* auvqentei/n?
Mit Akribie untersucht H. S. Baldwin den Begriff auvqentei/n (herrschen) in allen ihm zugänglichen Lexika und in nahezu 90 außerbiblischen Schriften bis ins 4. Jahrhundert n. Chr. Sein Ergebnis: auvqentei/n ist am ehesten mit "herrschen, souverän regieren, kontrollieren, beherrschen oder zwingen, jemand beeinflussen, despotisch herrschen, tyrannisieren" zu übersetzen.[78] Bei allem Respekt vor dieser exegetischen Fleißarbeit,

---

[76]Vgl. P. Trummer, paraqh,kh, in: EWNT, Bd. 3, 51-52.

[77]Auf diesem Hintergrund ist das Präskript zu sehen. Timotheus ist das "echte, rechtmäßige" (gnhsi,w|) Kind von Paulus. D.h. allein ihm steht es zu, die verbindliche apostolische Lehre zu empfangen, zu bewahren und weiterzugeben.

[78]H. S. Baldwin, Ein schwieriges Wort in 1. Timotheus 2,12, 69-88, in: A. Köstenberger, T. R. Schreiner, H. S. Baldwin (Hg.), Frauen in der Kirche. 1. Tim 2,9-15 kritisch untersucht, a.a.O.

ist angesichts des unsicheren ntl. Wortbestandes, wohl Zurückhaltung geboten, statt von dieser und der Satzuntersuchung von A. Köstenberger[79] theologische Folgerungen von solcher Tragweite zu ziehen: "Nach unserm Verständnis verbietet der Text Frauen zumindest, als Pastoren oder Älteste von Gemeinden zu fungieren. Das bedeutet, dass Frauen nicht das Wort Gottes von der Kanzel predigen sollen."[80]

Es ist schwer, aus der Vielzahl der nuancierten Deutungen einen Hauptnenner zu finden. So kann letztlich nur der Kontext den Ausschlag geben. Wenn also das bisher Gesagte angesetzt wird und mit den Reichtumspassagen (2,8-10; 5,12-16und 6,7-10)[81] in Verbindung steht, dann bedeutet auvqentei/n am ehesten, Autorität an sich reißen, indem die Frauen mit ihrem Reichtum und ihren Lehren "Einfluss ausüben".[82] Von einflussreichen Frauen, die sozial unabhängig waren, muss ausgegangen werden, wie L. Oberlinner nachweisen kann.[83]

---

[79]Vgl. Am. 41.

[80]A. Köstenberger, T. R. Schreiner, H. S. Baldwin (Hg.), Frauen in der Kirche. 1. Tim 2,9-15 kritisch untersucht, a.a.O., 249. Der Anachronismus ist zu greifen. Offen gestehen die Autoren weiter ein, dass sie selbst nicht wissen wie ihr Ergebnis "in der heutigen Welt praktisch ausgeführt werden soll." Alle weiteren Fragen im Blick u.a. auf das Lehren von Frauen an theol. Ausbildungsstätten oder in der Jugendarbeit werden zwar aufgeworfen, bleiben aber offen.

[81]Dazu ausführlich bei U. Wagener, der Zusammenhang von Frauen- und Reichenparänese, a.a.O., 163-165.

[82]A.C. Periman zitiert in: L. Oberlinner, a.a.O., 96; Am. 50.

[83]Vgl. L. Oberlinner, a.a.O., 90.

Zuletzt muss noch der unmittelbare Kontext ab 2,13 beachtet werden, weil er die Begründung für beide Verbote in 2,12 beinhaltet.

4.4 Die Begründung zu 2,12

Das Gefälle des Textes mündet in eine schöpfungstheologische (2,13) sowie hamartiologische (2,14) Begründung. Paulus stellt Adam und Eva einander gegenüber. Er hebt hervor, dass Eva die Zweiterschaffene ist. In 2,14 schließt er mit dem Bindewort kai das zweite exegetische Argument an. Hier wird Eva als die Einzigverführte vorgestellt.[84] Vers 15 steht durch deÜ (aber) und dem Zeitwechsel des Seligwerdens, das in der Zukunftsform (swfrosu,nhj) steht im Gegensatz zu 2,14. Ohne Zweifel enthalten diese Verse mehrere exegetische Schwierigkeiten.[85]

Merkwürdig ist u.a. der Wechsel von der 3. Person Singular swqh,setai ("sie wird selig werden") in 2,15a zur 3. Person Plural eva.n mei,nwsin (wenn sie bleiben) in 2,15b. Befremdend ist gar die Aussage, dass Frauen durch Kindergebären gerettet werden sollen. Zur Lösung des Kindergebärens ist der Gebrauch der Einzahl (2,15a), aber besonders der Wechsel zur Mehrzahl nicht unwichtig. Während sich die Einzahl ("Sie wird aber selig werden") wohl auf Eva bezieht, sind mit Mehrzahl die christlichen Frauen zu verstehen ("wenn sie bleiben"). Das Gerettetwerden der christlichen Frauen hat letztlich aber nichts mit dem Kindergebären zu tun, denn die Begründung (ga.r) beinhaltet eindeutig das Bleiben im Glauben, in der Lie-

---

[84] In der Zusammenschau mit Röm 5,12 trägt aber nicht Eva die Hauptverantwortung für den Sündenfall, sondern Adam.

[85] Für das Verständnis der Verse 11-12 müssen hier jedoch nicht alle Interpretations-möglichkeiten diskutiert werden.

be, Heiligkeit und Besonnenheit (2,15). Paulus will demnach nicht sagen, dass alle Frauen Kinder zur Welt bringen müssen, um gerettet zu werden. Vielmehr rettet einzig das Bleiben im gelebten Glauben. Ein Widerspruch zur paulinischen Rechtfertigung "allein aus Glauben" besteht daher keineswegs.

Auch der Gesamtkontext des 1. Tim spielt hier eine gewichtige Rolle. Wie der Brief zeigt, gab es Irrlehrer, die in ihrer Lehre in überspannter schwärmerischer Weise die Auferstehung bereits als vollzogen verkündeten und darum die Ehe und im Zuge dessen wahrscheinlich auch das Kindergebären verboten haben (4,1-5; 5,11). Paulus greift wahrscheinlich deshalb das Kindergebären als spezifische Antwort gegen diese Irrlehrer auf.

Da Paulus die Verse 11-12 mit den Versen 13-14 begründet, argumentiert er mit Eva als Repräsentantin der Zweiterschaffenen und Erstverführten aller Frauen. Hinzu kommt ein weiterer Aspekt. Da zwischen dem Ermahnungsteil 2,9-3,1 kein gedanklicher Bruch zu finden ist und auch die Thematik des Lehrens und herrschenden Einflusshabens in den Versen 11-12 völlig unvermittelt nach dem Ermahnungsteil über den wahren Schmuck der Frauen einsetzt, gehören die Verse 9-10 ebenfalls zur ganzen Passage. U. Wagner ist darum recht zu geben, wenn sie einen chiastische Gesamtaufbau feststellt.[86]

---

[86]Vgl. U. Wagner, a.a.O., 110.

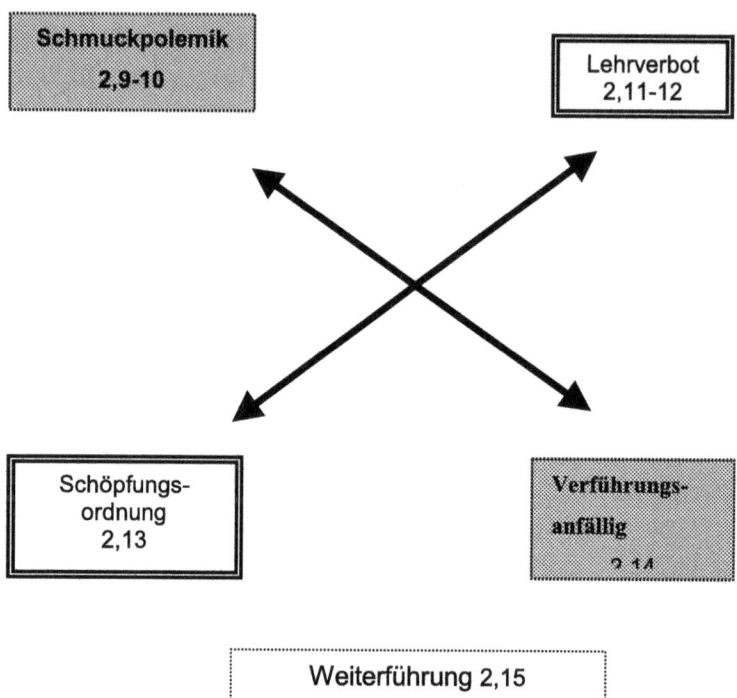

Weiterführung 2,15

Die Schmuckpolemik bzw. das äußere Auftreten der Frauen, das Lehrverbot und autoritäre Einflussnehmen über den Mann sowie die Schöpfungsordnung[87] und die Anfälligkeit zur Verführung gehören damit zusammen. Beide Aussagen kristallisieren sich, wenn Eva typologisch verstanden wird. "Die Zweiterschaffene soll sich nicht als herrschsüchtig Lehrende zur Ersten machen"[88] (2,13) und die einzig Verführte (2,14) soll nicht mit ihrer äußeren Aufmachung die Männer verführen.

---

[87]Zur Schöpfungsordnung vgl. A. Kuen, a.a.O., 250-259. H. Hempelmann, a.a.O., 53-59.

[88]M. Küchler zitiert in: U. Wagener, a.a.O., 110.

Paulus spricht in der Gesamtpassage (2,9-15) also nicht von zwei unterschiedlichen Missständen in der Gemeinde, sondern von *einer* besonderen Problematik. Wahrscheinlich handelt es sich um "wohlhabende und wirtschaftlich unabhängige Frauen, die ihren Anspruch auf eine profilierte Stellung in der Gemeinde vertreten."[89] Der Reichtum der Frauen gab ihnen die Möglichkeit, mit ihrer Verführungskunst über die Männer zu herrschen und zugleich bildete es die Grundlage, ihren Einfluss geltend zu machen.[90]

5. Schlussbemerkung

Die Exegese konnte zeigen, dass 1. Tim 2,11-12 schon zur ntl. Zeit kein generelles Lehrverbot für alle Frauen darstellte. Einzig die normgebende Lehre, an dessen Platz heute die Bibel steht und nicht eine Person, die sie lehrt, war untersagt.[91] Hinzu kommt das Verbot für die Frauen, manipulierend Einfluss gegenüber den eigenen Männern, dann aber auch in der Hausgemeinde allgemein zu gewinnen. Dabei spielte die soziale Unabhängigkeit aufgrund ihres Reichtums eine maßgebliche Rolle, nur so konnten sie sich mit Perlen, Gold und kostbaren Kleidern schmücken. Im Gegensatz dazu ermahnt Paulus zu einer unaufdringlichen Haltung, die sich durch gute Werke zu zeigen hat.

---

[89]U. Wagener, a.a.O., 111. In den kleinasiatischen Städten des römischen Reiches gab es einen höheren Anteil in religiösen und städtischen Führungspositionen. Am. 270.

[90]Ebd. U. Wagener kann auf Ehreninschriften aus Städten hinweisen, in denen die Führungsschicht der Städte Ehrungen erhalten. Die Begrifflichkeiten entsprechen dem Mileu der Past.

[91]So auch G. Bilezikian in: A. Kuen, a.a.O., 191.

Die Antipädagogik. Sr. Ute Dumke

Eine neue pädagogische Richtung, die in den letzten Jahren auf sich aufmerksam gemacht hat, ist die Antipädagogik. Sie hat sich zwar in der pädagogischen Wissenschaft nicht etabliert, ist aber mit ihrer populärpädagogischen Literatur von nicht zu unterschätzender Wirkung.

1. Der Hintergrund der Antipädagogik

1.1 "Schafft die Erziehung ab!"

Die Antipädagogik wendet sich gegen die traditionell-bürgerliche Erziehung mit der Parole "Schafft die Erziehung ab!". Neue Symbolfigur dafür ist der Struwwelpeter. Der Struwwelpeter symbolisiert die traditionell-bürgerliche Erziehung und entlarvt sie als "Schwarze Pädagogik", also als Pädagogik, die nur mit Drohen, Strafen und Druck arbeitet. Dem Kind wird jede Freiheit geraubt. Darum ist die Antipädagogik ein Aufschrei nach der Befreiung des Kindes.

1.2 Alice Miller

Die schweizerische Psychoanalytikerin Alice Miller hat nach 22jähriger Tätigkeit ihre Praxis aufgegeben, um ihre Erfahrungen einer falschen Erziehung, die sie in der Kindertherapie gewonnen hat, niederzuschreiben. Die drei wichtigsten Bücher sind:

1979 Das Drama des begabten Kindes[92]
1980 Am Anfang war Erziehung[93]
1981 Du sollst nicht merken[94]

In allen ihren Büchern beschäftigt sie sich mit dem Thema
Erziehung, allerdings nicht in systematischer Weise, sondern
mehr aus therapeutischer Sicht. Im Buch "Du sollst nicht mer-
ken" distanziert sie sich von der Freudschen Triebtheorie. Die
Titel ihrer Bücher sind bereits Programm.
Miller fragt: *Woher kommt es, dass der Mensch grausam, ag-
gressiv, destruktiv, wutgeladen, hasserfüllt, zornig, gehemmt,
kurz: böse ist oder theologisch gesprochen: sündig ist und als
Sünder bezeichnet wird?*
Ihr Antwort lautet: **Die Ursache allen Bösen ist in der
Machtstruktur der Familie zu suchen.**
Sie begründet sie von der Psychoanalyse her. Dabei greift sie
auf S. Freuds Frühschrift "*Zur Ätiologie der Hysterie* " (1896)
zurück. Freud schreibt dort über seine ersten Erfahrungen mit
der Psychoanalyse. Hysterische und neurotische Patienten
berichteten im Laufe der Analyse von regelmäßigen Verfüh-
rungen und Misshandlungen oder sexuellem Missbrauch im
Kindesalter durch Erwachsene. Freud glaubte das zunächst
und sah darin die Ursache der Hysterie. Bald jedoch merkte
er, dass die Aussagen Erfindungen der Patienten waren, die
entweder ihren Sexualphantasien entsprachen (= Ödipus-
Komplex) oder eine Anpassung an die Erwartungen des The-
rapeuten waren.[95]

---

[92]Frankfurt/M. (Suhrkamp), 13. Aufl. 1991.

[93]Frankfurt/M. (Suhrkamp), 1983

[94]Frankfurt/M. (Suhrkamp), 1983

[95]Vgl. A. Flitner, Konrad, sprach die Frau Mama..... Über Erziehung und Nicht-Erziehung, Berlin 1982, 50f

Freud korrigierte daraufhin seine Theorie und entwickelte daraus den **Ödipus-Komplex,** d.h. die Lehre von den kindlichen Triebwünschen zum gegengeschlechtlichen Elternteil.

Alice Miller glaubt nun, dass Freud sich dem damaligen gesellschaftlichen Druck gebeugt und angepasst hat. Sie selber glaubt, dass sie in ihrer therapeutischen Praxis die Theorie von Freud bestätigt fand. Auf diesen Erkenntnissen baut sie ihre pädagogischen Forderungen auf.

Die Machtstruktur der Familie wirkt sich in Misshandlung und Verführung auf das Kind aus: Einmal in der körperlichen Züchtigung und gewaltsamen Einschränkung des Kindes[96], zum anderen in der narzisstischen Kränkung und der Geringschätzung des Kindes.[97]
Erziehung ist also wie ein unsichtbares Gespenst hinter allen Misshandlungen, Demütigungen und Perversionen im Umgang mit Kindern.

Aber soziales Verhalten wird sich automatisch einstellen:
"Ein Kind, das neun Monate lang gestillt wurde, will nicht mehr an der Brust trinken, man muss es nicht erst dazu erziehen, auf die Brust zu 'verzichten'. Ein Kind, das lange genug 'egoistisch', 'habgierig', 'asozial' sein durfte, bekommt von selbst einmal spontane Freude am Teilen und Geben."[98]
"Die Bücher Alice Millers faszinieren den Leser und machen

---

[96]Stellt A. Miller in besonderer Weise in ihrem Buch "Am Anfäng war Erziehung" heraus.

[97]Das Drama des begabten Kindes.

[98]Ebd., S. 9

ihn zugleich ratlos."[99]

1.3 Die "Schwarze Pädagogik" von Katharina Rutschky.

1977 erschien von Katharina Rutschky das Buch "Schwarze Pädagogik". Eine Sammlung schockierender Texte über die Erziehung im 18. und 19. Jahrhundert. A. Müller gründet sich vor allem auf diese Veröffentlichung. In ihrem Buch "Am Anfang war Erziehung" kommentiert sie oft nur Texte aus diesem Buch.

K. Rutschky entlarvt die Aufklärung und den Philanthropismus als "Schwarze Pädagogik", indem sie völlig einseitig alle Texte aus ihrer gegenwärtigen Sicht interpretiert und den historischen Kontext außer Acht lässt.

Aus diesem Grunde kann Flitner sie schon als angrenzend an "Geschichtsfälschung" bezichtigen.[100]

Sie behandelt Themenbereiche, die für die Antipädagogik grundlegende Bedeutung besitzen:

1. Die Erziehungsbedürftigkeitsprämisse wird ins Gegenteil verkehrt, als "Neurosenäquivalent des Erwachsenen."

2. Verwissenschaftlichung der Erziehung - Die Spezialisierung und Professionalisierung

3. Die pädagogische Produktion des Kindes - die Definition von Kindheit muss Erziehung rechtfertigen.

Es ist das Erschreckende dieser Textsammlung, dass es sich gerade um "Zeugnisse der Aufkärungszeit und des Philanthro-

---

[99]Flitner, S. 59

[100]Ebd., S. 42

pismus, den man als die erste große pädagogische Bewegung bezeichnen kann"[101], handelt. Im Ganzen bleibt bemerkenswert, dass andere Pädagogen der behandelten Epoche gar nicht oder kaum zu Wort kommen.[102]

1.4 Hubertus von Schoenebeck und die neue Beziehung

Hubertus von Schoenebeck hat zur Förderung des antipädagogischen Anliegens den Verein "Freundschaft mit Kindern e.V." gegründet. Seine Bücher "Unterstützen statt Erziehen"[103] und "Ich liebe mich so wie ich bin"[104] trugen zur Popularität der Antipädagogik bei. Sein Lieblingsausdruck ist "die neue Beziehung". Die uns umgebenden Normen werden mit dem "neuen Gefühl" überprüft.[105]

In der neuen Beziehung ist der Umgang "achtungsvoll, gleichberechtigt und freundschaftlich."[106]

Aus der neuen Beziehung wächst dann das neue Vertrauen, und zwar Vertrauen in sich selbst.

"Ich bin auf mich angewiesen. Wenn ich mir nicht zur Seite stehe - wer sollte es sonst tun? Ich bin der Mittelpunkt der Welt und des   Universums. Wenn ich sterbe, stirbt die Welt."[107]

---

[101]Flitner, S. 40

[102]Z.B. Pestalozzi, A.H. Niemeyer, Jean Paul, F. H. Schwarz, Fröbel, Schleiermacher, Herbart, Diesterweg

[103]München, 1984, 3. Aufl.

[104]München, 1984, 2. Aufl.

[105]Unterstützen, S. 14

[106]Ebd. S. 17

[107]Ebd. S. 77

150

Darin liegt natürlich ein hohes Maß an Selbstüberschätzung. Der Mensch wird weniger in eine Beziehung geführt, als vielmehr in eine unendliche Einsamkeit, nur noch auf sich selbst vertrauend und um sich selbst drehend. Hier geht es nicht um das Wesen der Beziehung, nämlich gegenseitiges Nehmen und Geben. Dazu ein Beispiel in poetischer Sprache:[108]

ich bin
das tut dir weh
sagst du
- ich höre es

das ist dir zu wenig
du möchtest
dass ich anders bin
so dass es dir nicht weh tut
- ich höre es

du forderst
sei anders
denn du tust mir weh
- ich höre es

du beginnst
mir weh zu tun
damit ich mich ändere
- ich fühle es

und gehe von dir fort

---

[108]Schoenebeck, H. v. botschaften des zuhörens. die kommunikation von person zu person, Mülheim 1982, 2. Aufl.

151

2. Antipädagogik in Umrissen

2.1 Der Erzieher

Er befindet sich hauptsächlich in Abhängigkeiten, von denen er sich emanzipieren sollte:
* Einmal vom Auftraggeber, der Gesellschaft. Er kann Verantwortung für Gesellschaft, Kultur, Weltfrieden oder Revolution sowieso nicht tragen und sollte sich davon befreien. Dann ist er frei, sich nur noch mitmenschlich zu verhalten.
* Dann vom Erziehungsobjekt, dem Kinde. "Es muss einem tatsächlich gleichgültig sein."[109]
* Außerdem ist er abhängig von Kultur, Normen, Werten, Idealen. Sie sollen durch Erziehung tradiert werden und werden grundsätzlich negativ beurteilt. Sie verstehen es nicht als "Kulturverzicht, sondern Verzicht auf den 'Kulturterror'."[110]
* Schließlich folgt die Emanzipation aus der Abhängigkeit von sich selbst (gegen übertriebene Selbsterziehung).

Das Kind ist in jeder Hinsicht und in jedem Alter selbstverantwortlich, darin besteht die Befreiung des Kindes von der repressiven Herrschaft der Erwachsenen. Ein Kind aber ist nicht in der Lage, diese Verantwortung selber zu übernehmen.

Preisgabe der Zukunft - Hoffnungs- und Perspektivelosigkeit.

---

[109]Ekkehard von Braunmühl, Antipädagogik, 1983, S. 201

[110]Ebd. S. 213

2.2 Bedingungslose Preisgabe aller Werte

Es gibt keinen Unterschied zwischen Gut und Böse. Dennoch muss ja ein Weg gefunden werden, nach dem das jeweilige Handeln ausgerichtet ist. Durch die Prämisse der Vertrauenswürdigkeit des Menschen brauchen keine Normen mit Gültigkeit anerkannt werden. Denn in der offenen Begegnung handeln die Partner kurz miteinander aus, was gelten soll. Dennoch gibt es zwei Dinge, die schlecht und falsch sind: Vernachlässigung und Machtmissbrauch.

Als Konsequenz der neuen Beziehung wird eine "Perspektive eines gesetzesfreien Gemeinwesens" gedacht.

Der Philosoph Spaeman geht der Frage nach: "Sind Gut und Böse relativ?"[111] und meint: "Einem Menschen dieser Art, der zwischen der Treue einer Mutter zu ihrem Kind, der Tat Maximilian Kolbes, der Tat seiner Henker ... gar keine Wertunterschiede wahrzunehmen vermag, fehlen gewisse fundamentale Erfahrungen... die durch Argumente nicht ersetzbar sind. Aristoteles schreibt: Leute, die sagen, man dürfe die eigene Mutter töten, haben nicht Argumente, sondern Schläge verdient. Vielleicht könnte man auch sagen, er hätte einen Freund nötig."[112]

2.3 Anthropologie

Die Antipädagogik geht davon aus, dass das bisherige Menschenbild negativ zu sehen ist. Eine "Schwarze Pädagogik" kann nur ein Menschenbild haben, das destruktiv und böse ist. Das Hauptmerkmal einer "Schwarzen Pädagogik" besteht im

---

[111]Robert Spaemann, Moralische Grundbegriffe, München 1982

[112]Ebd. S. 19

153

Gebot: Du sollst nicht merken!

Dieses Gebot finden wir bereits bei Gott, als er Adam und Eva verbietet, vom Baum der Erkenntnis zu essen, um sie dadurch in Unwissenheit, Ohnmacht und Abhängigkeit zu halten. Das gleiche Grundprinzip liegt den 10 Geboten zugrunde.

"Alles was an **ihm** *(Kind) eigenständig, lebendig und vital ist, muss ihm ausgetrieben und gebrochen werden."*[113]

So versteht sich A. Miller als Anwalt des Kindes, wenn sie für ein anderes Menschenbild plädiert. Aber sie nimmt nur das humanistisch-naturalistische Menschenbild Rousseaus auf, der davon ausgeht, dass die Natur des Kindes gut ist und die es zu entfalten gilt. Da sich die Natur von selbst entfaltet, sollen sich die Erwachsen aus der Entwicklung des Kindes heraushalten, indem sie die kindliche Persönlichkeit in seiner Spontaneität, seinen Liebesbedürfnissen, seinem Zorn- und Hassgefühlen Raum geben und das Kind so akzeptieren wie es ist.

Das optimistische Menschenbild entspricht den Grundpostulaten der Humanistischen Psychologie, begründet von C. Rogers. Der Mensch ist weder primär böse noch antisozial. Die Grundnatur des frei sich vollziehenden menschlichen Seins ist konstruktiv und vertrauenswürdig.

3. Die antipädagogische Bewegung und ihre Forderungen

Man kann diese pädagogische Bewegung unter dem Motto

---

[113]G. Tuschy, Psychologie Heute, 1/82, S. 71.

zusammenfassen:

Alles Unheil kommt von der Erziehung

Eltern und Erziehern wird empfohlen, sich durch einen Sprung aus der jetzigen Situation zu befreien und eine neue Solidarität von Kind und Erwachsenen zu schaffen, mit dem Ziel der **totalen Gleichberechtigung.**

Dieses Ziel will man auf zweifache Weise erreichen:

1.   **In einem therapeutischen** Umgang **mit dem Kind.**
Dieses Modell hat man aus der **Antipsychiatrie** übernommen. Dort geht es darum, dass Arzt und Patient völlig gleichberechtigt nebeneinander stehen.
Dieses Modell wird nun auf das Kind übertragen. Dabei geht man davon aus, dass das Kind zu jedem Zeitpunkt seines Lebens über die" *reale Selbstbestimmungs-Fähigkeit* " verfügt.
Die soziale Seite der Ich-Entwicklung und der notwendige Austausch der Persönlichkeit mit der sozialen Umwelt, wird einfach für nichtig erklärt. Das Kind wird als Herrscher und König im absolutistischen Sinn verstanden. Darum gilt es jede Lebensäußerung des Kindes ernst zu nehmen.

2.   **In einem neuen Rechtsverständnis zwischen Eltern und Kindern.**

Es geht nicht um eine pädagogische Beziehung zwischen Eltern und Kind, sondern um eine rechtliche Beziehung. Diese neue rechtliche Beziehung will man juristisch im Grundgesetz der BRD verankern unter dreifachem Gesichtspunkt:
1.   **Das Generationenverhältnis wird rechtlich geordnet**

155

und zwar so, wie eben gleichberechtigte Personen ihr Miteinander rechtlich zu ordnen haben, jetzt nur, dass der Partner ein Kind ist.

2. Die Proklamation von Kinderrechten.

Dazu ist ein **"Deutsches Manifest"** veröffentlicht worden von der antipädagogischen Organisation *"Freundschaft mit dem Kind"*.
Dort heißt es z.B.:
"Kinder haben nicht weniger Rechte als Erwachsene. Kinder dürfen generell alles tun, was Erwachsene im Rahmen der Gesetze tun dürfen. (Art. 1)
Kinder haben das Recht, sich vom bisherigen Lebenspartner zu trennen und neue Lebenspartner zu wählen. (Art. 10)
Kinder haben das Recht auf körperliche Unversehrtheit. Es gibt keine Züchtigung. (Art. 14) Kinder haben das Recht, sich einen eigenen Vornamen zu geben (Art. 16), ihr Lernen selber zu bestimmen (Art. 19), ihren Aufenthaltsort zu wählen (Art. 21).
Kinder haben das Recht, für ihr Leben und für ihre Taten die rechtliche Verantwortung zu übernehmen. (Art.3)
.... Sie können Verträge schließen, über Eigentum verfügen, Geschäfte eröffnen... und in jeder anderen Form rechtsverbindlich tätig sein (Art. 5).
Kinder haben das Recht, jedes Nahrungs- und Genussmittel, das Erwachsenen zugänglich ist, ungehindert aufzunehmen oder zu verweigern (Art. 15).
Kinder haben das Recht, gegen Entgelt zu arbeiten (Art. 9).
Kinder haben das Recht, ihr Sexualleben selber zu bestimmen und Nachkommen zu zeugen (Art. 18).[24]

3. Die Rechte sollen im Grundgesetz verankert werden.

Das Erziehungsverhältnis wird durch ein Rechtsverhältnis abgelöst.

Braunmühl formuliert:*"Kinder müssen, entsprechend ihrer zunächst eingeschränkten Handlungsmöglichkeiten, bevorrechtigt werden. Mit der Rolle des Säuglings als König (ein feudales Herrschaftsverhaltnis anstelle der ländlichen Abhängigkeit), des Kindes als Richter (mit Urteilsgewalt über Pflege- und Nahrungsangebote) ist dieser Forderung Rechnung getragen. Je mehr Bedürfnisse und Wünsche Kinder im Zuge ihrer Entwicklung und ihres Lebens sich selbst erfüllen können, desto mehr Vorrechte der Kinder erlöschen."*

4. Die Antipädagogik als Symptom für die gesellschaftliche und pädagogische Krise der Gegenwart

Oelkers sieht die Antipädagogik als Syndrom für eine "erzieherische Endzeitstimmung".[114]

Die positive Resonanz macht deutlich: Die Sicherheit im Umgang mit der jungen Generation ist geschwunden. Die Antipädagogik weist auf die übersteigerten Erwartungen an die Veränderbarkeit des Menschen durch Erziehung, die Bedrohung des Individuums durch Technik und Wissenschaft. Der Rückzug in die Innerlichkeit und das Private scheinen die simple Lösung zu bieten.

Christopher Lasch zeichnet in seinem Buch "Das Zeitalter des

---

[114]Oelkers, J./Lehmann, Th.: Antipädagogik: Herausforderung und Kritik. Braunschweig 1983

Narzissmus"[115] ein Bild der Gesellschaft unserer Tage. Die Kennzeichen:
* Die Weltauffassung, die sich entwickelt, kreist lediglich um **das Ich** und das individuelle Überleben. "Es geht nicht mehr darum, die Natur zu erobern oder neue, gesellschaftliche Herausforderungen zu suchen, sondern um Selbstverwirklichung."[116]

* Das Klima wird als **therapeutisch** gekennzeichnet. Psychische Gesundheit ist gleichbedeutend mit dem Überbordwerfen von Hemmungen und mit der unverzüglichen Befriedigung jeder impulsiven Regung.

* Abschied von der **Politik**. Das therapeutische Denken droht die Politik abzulösen.

* Hochschätzung der **Gefühle**.

Narzissmus ist nicht "gesunder Egoismus", sondern krankhaft übersteigerte, unstillbare Selbstliebe, die zu Kontaktschwäche bis zu Selbsthass führt.

---

[115]Christopher Lasch, Das Zeitalter des Narzissmus, München 1980

[116]Ebd. 20

Jugend in der Postmoderne. Tobias Faix

Einleitende Gedanken[117]

Vor kurzem besuchte ich eine Fortbildung von Pastoren und Pfarrern zum Thema „Mitarbeitergewinnung und Mitarbeiterschulung". Nach einer Einführung ins Thema entfachte sich bald eine lebhafte Diskussion über die junge Generation von Mitarbeitern, die nicht mehr belastbar sei, die keine Verbindlichkeiten mehr eingehen möchte und die nur noch an ihr eigenes Wohl denke und nicht mehr an Christus und seine Gemeinde. Kurzum, es gäbe keine Opferbereitschaft unter den jungen Leuten mehr. Danach folgte eine Hommage auf die „gute alte Zeit", in der Mitarbeiter noch 5km mit dem Fahrrad zum Jugendkreis gefahren sind, nur um sich am Leib Christi zu beteiligen.

Was ist dran an diesen Vorstellungen von der jungen Generation? Sind Jugendliche heute weniger belastbar als früher? Weniger verbindlich? Wenn ja, worin liegen die Gründe? Wenn nein, woher kommen diese Vorurteile? Um diese und andere Fragen zu klären, soll im ersten Teil ein Einblick in die Lebenswelt von Jugendlichen gegeben werden. Dabei soll auch ein Blick auf die Gesellschaft, in der Jugendliche aufwachsen und geprägt werden, geworfen werden. Im zweiten Teil geht es dann um die Frage, wie wir als Gemeinde und

---

[117] Vorliegender Artikel ist die überarbeitete Wiedergabe eines Referates für die Mitarbeiterschulung des RMJ in Reichelsheim im Februar 1998.

innerhalb der Jugendarbeit auf diese Phänomene reagieren können. In diesem Teil sollen vor allem die Defizite angesprochen werden, die im ersten analytischen Teil herausgefunden wurden. Es handelt sich nicht um ein Konzept, sondern lediglich um ein paar Gedankenanstöße.

Bei allen Bemühungen ist mir jedoch klar, dass dieser Artikel, schon aus Platzgründen, nur einen kleinen Teil sowohl vom Einblick in die Lebenswelt der Jugendlichen als auch von den Lösungsvorschlägen bieten kann. Dennoch denke ich, dass er einige Gedankenanstöße zum Nachdenken und Weiterdenken gibt.

A: Einblicke in die komplexe Lebenswelt von Jugendlichen

1. Leben innerhalb der Postmoderne?

Geprägt wurde der Begriff „Postmoderne" durch eine Literaturdebatte Ende der 50er Jahre in den USA, ohne dabei eine entscheidende Rolle zu spielen.[118] Mitte der 70er Jahre (1975) wurde er von Charles Jencks, einem amerikanischen Architekturtheoretiker, aufgenommen, der ein Haus aus verschiedenen Stilen der letzten Jahrzehnte entwarf. Man nannte diesen Stil auch „Patchwork". Diese postmoderne Architektur war durch eine große Ambivalenz gekennzeichnet und durch verschiedene historische Stile wie eine Collage zusammengestellt. Der Begriff Postmoderne wurde bald darauf von anderen Sparten, vor allem aus der Geisteswissenschaft übernommen: Philosophie, Theologie, Soziologie etc. Dort setzt sich als Merkmal der Postmodernen das „Ende der Ideologien" durch. Man spricht auch vom Ende des linearen geschichtlichen

---

[118] Das Adjektiv „postmodern" tritt zum ersten Mal 1870 beim englischen Salonmaler Chapman auf, der mit seinen Bildern in die „postmoderne Malerei" vorstoßen wollte. Als nächstes wird der Terminus von Rudolf Pannwitz 1917 wiederum als Adjektiv verwendet, wenn er in die Krisis der europäischen Kultur vom „postmodernen Menschen„ spricht. Zum ersten Mal in substantivierter Form findet sich der Ausdruck beim Literaturwissenschaftler Federico de Onis 1934 wieder. Die Bedeutungen dieser Begrifflichkeiten spielen aber für den heutigen inhaltlichen Gebrauch keine entscheidende Rolle. Die heutige Diskussion begann mit der Literaturdebatte 1959 mit Irving Howe und Harry Levin und fand 1975 durch die Architekturtheoretiker Robert Stern und Charles Jencks großen populären Anklang, was eine weltweite Diskussion um das Postmoderne-Verständnis auslöste. Vgl. Wolfgang Welsch (Hg.), *Wege aus der Moderne, Schlüsseltexte der Postmoderne-Diskussion*, 2., durchgesehene Auflage (Berlin: Akademie Verlag, 1994), 7-13.

Weltbildes.[119] Verschiedene historische Epochen werden im „Jetzt" vermischt. Die Devise heißt deshalb „Jetzt leben!" Die Auswirkungen der Postmoderne reichen in alle Lebens -und Wissensbereiche hinein. Postmoderne wird zu einem Lebensgefühl, das alle westlichen Menschen erfasst. Ein weiteres Schlagwort heißt „pc" (political correctness). Es gibt eine Abkehr des Objektiven, das heißt, es geht nicht mehr um die großen wissenschaftlich fundierten und nachgewiesenen Dinge, sondern um die subjektive Erfahrung, die jeder Mensch selber machen und beurteilen kann. Zum Beispiel ist ein Ufologe ein völlig seriöser und anerkannter Beruf in unserer heutigen Gesellschaft. Aberglaube und Esoterik sind salonfähig geworden.

2. Die Rolle der Jugendlichen innerhalb der Postmoderne

Die Jugendbewegung der 90er Jahre ist die erste, in der Postmoderne entstandene und durch sie geprägte Jugendbewegung.[120] Diese Tatsache macht die Jugendlichen[121] beson-

---

[119] Vgl. Wolfgang Welsch, *Moderne und Postmoderne* in Ralph Pechmann (Hg.), Zeugnis im Dialog, Zukunftsfähiges Christsein in der Jahrtausendwende, Reader zum Internationalen Pfingst-Symposion (Reichelsheim: Deutsches Institut für Jugend und Gesellschaft, 1997), 21-27.

[120] Merkmale des postmodernen Lebensstils sind seit den 80er Jahren die radikale Pluralisierung, Individualisierung und Eklektisierung. Dabei bleibt der Begriff Postmoderne bis zum heutigen Tag umstritten. Festgehalten werden kann, dass Postmoderne ein Stück gesellschaftliche Realität ist, die in allen Bereichen unserer Lebenswelt vorhanden ist. Vgl. Wolfgang Welsch, *Unsere postmoderne Moderne*, 2. Auflage (Weinheim: VCH, Acta Humaniora, 1988) 4; Hermann Lübbe, „Postmoderne: eine Definitionssache", in: *Politische Kultur und deutsche Frage*, Bonn 1989, 178; Ulrich Beck, *Risikogesellschaft. Auf dem Weg in eine andere Moderne* (Frankfurt: Suhrkamp-Verlag, 1986), 119.

[121] Wenn im Folgenden von Jugendlichen gesprochen wird, geht es um die Geburtenjahrgänge von 1965-1980.

ders für Intellektuelle, Historiker und Soziologen interessant.[122] Eine besondere Rolle spielen Jugendliche für die Konsumgesellschaft der 90er Jahre, da diese die große Kaufkraft der Jugendlichen entdeckt hat. Marketingexperten und Trendforscher versuchen seither, die subjektiven Bedürfnisse der Jugendlichen zu befriedigen. Hinzu kommt eine Unsicherheit bei der Einschätzung von Problemen, Ängsten und Hoffnungen der Jugendlichen, die besonders von den Medien aufgegriffen und negativ ausgeschlachtet werden. Zwei wichtige gesellschaftliche Züge, die einen großen Einfluss auf die Jugendkultur haben, sollen kurz beleuchtet werden.

2.1 Der Hang zum Transzendenten

Wenn man nach der Glaubwürdigkeit von Kirchen unter Jugendlichen fragt, stehen diese ganz unten. Überraschend ist allerdings, dass 38 % der Jugendlichen sich selbst als Christen bezeichnen, davon aber nur 2% regelmäßig in die Kirche gehen. 54% glauben zwar an Gott, doch nur 8% an den Gott der Bibel![123] Wir sehen also eine ganz große Verschiebung und Neufüllung der Begrifflichkeiten. Eine Verschiebung weg vom christlich-biblischen Glauben hin zum transzendent-mystischen Glauben.

---

[122] Besonders hinzuweisen wäre auf: Gerhard Schulze, *Die Erlebnisgesellschaft. Kultursoziologie der Gegenwart* (Frankfurt: Campus Verlag, 1992); Peter Sloterdijk, *Kritik der zynischen Vernunft*, Band 1+2 (Frankfurt: Surkamp-Verlag, 1983); Bernd Guggenberger, „Liebt, was Euch kaputt macht. Intimität und Identität - postmoderne Tendenzen in der Jugendkultur", in: *Aus Politik und Zeitgeschichte*, Band 40-41/1986; sowie die Jugendstudien Gerhard Schmidtchen, *Wie weit ist der Weg nach Deutschland? Sozialpsychologie der Jugend in der postsozialistischen Welt*, 2. Auflage (Opladen: Leske + Budrich, 1997); Jugendwerk der Deutschen Shell (Hg.), *Jugend '97. Zukunftsperspektiven, gesellschaftliches Engagement, politische Orientierung*, 12. Shell Jugendstudie (Opladen: Leske + Budrich, 1997).

[123] Vgl. Gerhard Schmidtchen, a.a.O., 155-157.

54% der Jugendlichen glauben an Gott. Eine solche Angabe sagt kaum etwas über die inhaltliche Qualität des Glaubens aus, sondern zeigt lediglich, dass viele der heutigen Jugendlichen nicht ohne transzendenten Bezug leben können. Man darf nicht vergessen, dass sich auch in Deutschland der religiöse Pluralismus ausgebreitet hat. Man glaubt an einen Gott, an irgendeinen, sei es Allah, Buddha oder einen übergeordneten Gott, der über das Universum herrscht. Gott hat nicht unbedingt etwas mit dem Gott der Bibel und des Christentums zu tun. Es ist heute leicht, an einen Gott zu glauben, da jeglicher Gottesglaube von der Gesellschaft akzeptiert wird. Der Pluralismus erlaubt es, dass jeder an den Gott glaubt, den er haben will, jeder toleriert den Glauben des anderen. Der Soziologe H. Barz schreibt zur Gleichstellung Gottes: „Dass Christen, Moslems, Juden und Buddhisten unter verschiedenen Namen eigentlich denselben Gott meinen, charakterisiert den heute noch denkbaren Gott, [...] die einen sagen Buddha, die anderen sagen Manitu, die dritten sagen Gott und die vierten sagen Trallala."[124] Der Pluralismus ist vielschichtig - alles ist möglich.

Am deutlichsten wird die plakative Verwestlichung des Buddhismus beim sogenannten „Business-Buddhismus"[125], Meditation für Manager und Angestellte, deren eigentliche Religion die Firma als verschworene Glaubensgemeinschaft darstellt.

Mit dem Pluralismus und der neuen religiösen Vielfalt macht sich ein neuer Hang zum Transzendenten bemerkbar. Während in Deutschland die traditionellen Kirchen mit ständig steigenden Zahlen von Kirchenaustretern zu kämpfen haben,

---

[124] H. Barz, *Postmoderne Religion Jugend und Religion Bd. 2* (Opladen: Leske + Budrich 1992), 119.

[125] Ebd., 122.

sucht die Masse der Bevölkerung neue Ebenen, um ihren Glauben auszuleben. Seit Anfang der 90er Jahre gibt es eine Renaissance der Transzendenz und Spiritualität und zwar auf den unterschiedlichsten Ebenen und Richtungen: Tarot, Bergkristalle, westlicher Buddhismus, Sekten oder der gewaltig aufkommende Glaube an Sternzeichen und die gesamte Astrologie. Natürlich macht sich das Fernsehen diese Esoterikwelle zu Nutzen und schon gibt es „Akte X", eine Mystery Serie. Aus Amerika kommt die Esoterikshow „Psi Faktor", in „Terra X" werden Vampire und Yetis gejagt, weiterhin gibt es „Millennium", „Nowhere Man", „Outer Limits - Die unbekannte Dimension", „Dark Skies" und wem das noch immer nicht reicht, der kann sich eine Diskussion über Ufos, Wunderheiler, Kornkreise, Tarot oder Pyramiden in der Nachmittagsshow „Talk X" anschauen.

Besonders beliebt sind Kombinationen aus verschiedenen religiösen und magischen Glaubensformen, die zu einer sogenannten „City-Religion" zusammengebastelt wird. „Immer mehr Städter stehen auf Magie und Esoterik. Warum? Weil sie sich holen, was in der Hektik, Stress und Sachlichkeit fehlt: Sie wollen sich und andere spüren."[126]

Passend zur „City-Religion" bastelt man sich auch gleichzeitig einen passenden Gott, der die Wünsche erfüllt, die man ganz persönlich an ihn stellt. Das Ergebnis ist ein „Instantgott" für den persönlichen Hausgebrauch, der je nach Bedarf zusammengemixt wird. Horx beschreibt dies folgendermaßen: „Bildlich gesprochen: Statt in der Kirche vor dem Altar zu knien, bauen wir uns zu Hause eine Kultstätte. Statt der christlichen Bilder inszenieren wir eine private Ikonographie mit persönli-

---

[126] Ebd., 102

165

chen Devotionalien. Statt des einzigartigen Gottes basteln wir uns einen Instantgott"[127].

Ein neuer Hang zur Emotionalität macht sich innerhalb dieser Pseudo-Religionen breit. Man will sich selbst erleben. Umso aufgeklärter, sachlicher und wissender unsere Gesellschaft wird, desto mehr sehnt sie sich nach einem transzendenten Ausgleich, um die eigene emotionale Sehnsucht und innerlichen Leere zu füllen. Rund 18 Millionen Mark geben die Deutschen jährlich für Selbsterfahrungsseminare und Esoterikzubehör aus.[128] Diese Emotionalität wird auch im nächsten Punkt sichtbar.

2.2 Der Erlebnisdrang

War früher z. B. Einkaufen ein normales Ritual, das zum Alltag dazugehörte, werben heute sämtliche Warenhäuser damit,, dass bei ihnen das Einkaufen zum Erlebnis wird. Die Ausgaben für nicht existenzielle Dinge gingen in den letzten Jahren drastisch nach oben.

Es stellt sich jetzt die Frage: „Was ist überhaupt ein Erlebnis? Ist es nicht völlig subjektiv, wenn es von den Empfindungen des einzelnen abhängt?" Das Entscheidende ist hierbei, dass Erlebnisse nicht vom eigenen Subjekt empfangen, sondern vom Subjekt selbst gemacht werden. „Was von außen kommt, wird erst durch die eigene Verarbeitung zum Erlebnis."[129] Es kommt also nicht nur auf die von außen gegeben Einflüsse an, sondern vor allem, wie sie einem präsentiert werden. Wenn man z. B. früher ein Auto kaufte, ging es darum, von Punkt A zu Punkt B zu kommen, heute ist das Auto ein Repräsentati-

---

[127] M. Horx, *Trendbuch 2*, a.a.O., 103.

[128] Vgl. L. Handwerk, „Total pranormal", *TV Spielfilm*, 4/97: 9-12.

[129] Ebd., 44.

onsmittel und die Fahrt wird als ein Erlebnis verkauft. In der Werbung für Automarken geht es nicht mehr um das reine Fortbewegen, sondern um das Vergnügen am Fahren. Eine der ersten Firmen, die den Erlebnisdrang der neuen Generation praktisch umgesetzt hat, ist der Sportartikelherrsteller Nike. Das Wunderwerk heißt „NIKETOWN". Es handelt sich nicht mehr um normale Geschäftsräume, in denen ein Kunde seine Sportschuhe oder seine Trainingshose kauft, sondern um ein riesiges Projekt auf fünf Verkaufsebenen mit integrierten Sporthallen, in denen man verschiedene Sportprodukte gleich praktisch ausprobieren kann, mit Riesenleinwänden, auf denen Videoclips oder aktuelle Sportevents gezeigt werden oder verschiedene Pavillons, in denen Originalutensilien von prominenten Sportlern zu bewundern sind. „NIKETOWN" ist eine Mischung aus Sportgeschäft, Sportmuseum und Disneyworld und eines der erfolgreichsen innovativsten Projekte des Jahres. „NIKETOWN" soll es nach New York, Atlanta, Chicago und Seattle auch bald in Berlin, London, Tokio und Sydney geben.

Der Mensch nimmt bestimmte Reize wahr und fängt an, darauf zu reagieren. Wenn er aber schon mit einer Menge an Reizen aufwächst, braucht er neue Reize, die ihn wieder zum Erleben bestimmter Ereignisse animieren. Durch Satelliten und Kabelfernsehen, Computerspiele, Musikvideos mit immer schnelleren Schnittfolgen, Techno/Dancefloormusik mit bis zu 200 Beats pro Minute, etc. erleben vor allem Kinder und Teenager schon im jungen Alter eine Reizüberflutung, mit der sie oftmals nicht umgehen können und die sie entweder psychisch labil macht oder abstumpfen lässt. Parallel zu dieser erlebnisorientierten Entwicklung hat sich aus den oben beschrieben Gründen ein völlig neuer Markt entwickelt. Mit Fortschreiten der technologischen Entwicklung hat es in den letzten Jahren eine regelrechte Explosion auf dem Verbrauchermarkt gegeben.

167

„Multimedia". Datenhighway, Cyperspace, Internet, Sparten-TV etc. sind nur einige wenige Beispiele aus dem reichhaltigen Programm, das uns die Zukunft plastisch vor Augen malt. Was gestern noch ein utopischer Science-Fiction Thriller war, ist morgen schon Realität.

Das Erlebnis-Prinzip

Der durchorganisierte Wochenablauf vieler Jugendlicher, die in Schule, Ausbildung oder Studium stehen, fordert geradezu einen Gegenpol oder Ausgleich. Dieser Gegenpol soll das bieten, was der normale durchstrukturierte Tagesablauf vermissen lässt: Spaß erleben! Torsten Görke, dessen Agentur „Team Action Sports" Extremveranstaltungen in ganz Deutschland anbietet, bringt es auf den Punkt, wenn er behauptet: „Es gibt viele Leute, die einen normalen Alltag haben und die irgendwo eine Ersatzbefriedigung suchen."[130] Diese Ersatzbefriedigung bietet er in Extremsportarten wie Bungee-Jumping, Freeclimbing oder Fallschirmspringen an. Bungee-Jumping war die erste der sogenannten „Thrillsportarten". Es geht darum, den ultimativen Kick zu erleben, seinen Adrenalinstoß zu spüren und um seine eigene Existenz zu bangen. Es geht hierbei um mehr als nur um Fun, es geht um ein existentielles Erlebnis!

Diese gesellschaftlichen Merkmale machen u. a. die Jugendbewegung interessant und wichtig. Die Jugendlichen selbst sind durch die gesellschaftlichen Veränderungen und das enorme Interesse an ihnen verunsichert. Wenn wir im Folgenden über Jugendliche sprechen, sind zwei Dinge wichtig. Zum einen ist jeder Jugendliche ein Individuum, der in einem bestimmten sozialen Umfeld aufgewachsen ist und geprägt wurde, er ist einzigartig und nicht vergleichbar, um aber grobe

---

[130] Ebd., 158.

Linien und Trends festzustellen, muss pauschalisiert werden, da wir sonst zu keinerlei Ergebnis kommen. Zum anderen hat sich die Altersspanne von Jugendlichen aufgelöst. Man spricht heute bei 14-29jährigen von Jugend. Und oftmals sogar darüber hinaus, die Grenzen sind fließend, dank Werbung und Konsum. Fühle dich jung und jugendlich auch noch mit 55! Doch diese, sehr weit gefasste Altersspanne ist vor allem für Marketingexperten und Trendforscher interessant, denen es um eine möglichst große „gemeinsame Masse" geht, die man möglichst gut vermarkten kann. Für die Jugendarbeit muss man aber eine grundsätzliche Unterscheidung treffen, da es einen großer Unterschied zwischen den Teenies[131] (13-17 Jahren) und den Jugendlichen (18-29 Jahren) gibt. Im Folgenden soll es im wesentlichen um Jugendlichen[132] und ihre Lebenswelt gehen.

3. Versuch einer Situationsanalyse

Jugendliche sind ein Teil unserer Gesellschaft. Sie wachsen in einem bestimmten sozialen Umfeld auf, von dem sie geprägt und beeinflusst werden. Defizite innerhalb unserer Gesellschaft lassen sich am Verhalten von Jugendlichen gut erkennen. Dies zeigt auch ein Blick auf die Jugendbewegungen seit dem 2. Weltkrieg. Jedes Jahrzehnt hat seine spezielle Ju-

---

[131] Teenies zeigen wieder mehr Engagement, wollen sich aktiver in verschiedenen Organisationen beteiligen, sehen die Zukunft positiver und gehen spielend mit der Technik und dem Fortschritt der 90er Jahre um. Gleichzeitig haben sie Schwierigkeiten eigene Entscheidungen zu treffen, kontinuierlich an einer Sache dran zu bleiben und stehen vielem recht unkritisch gegenüber. Vgl. unter anderem Jugend ´97, a.a.O., 22-23; 277-281.

[132] Wenn im Folgenden von Jugendlichen gesprochen wird, dann wird dies sehr pauschalisierend getan. Dem Autor ist klar, dass jeder Jugendliche einzigartig ist. Das jeder Jugendliche durch sein soziales Umfeld geprägt und beeinflusst wurde. Doch um einen großen Überblick zu bekommen lässt sich diese Pauschalisierung nicht vermeiden.

gendbewegung, dies kann man wellenartig seit den 50er Jahren beobachten. Diese Bewegungen sind eng mit politischen und gesellschaftlichen Veränderungen verknüpft. Waren es in den 50er Jahren die Teds und Mods, die sich gegen das sogenannte „Spießertum" der Wirtschaftswunderzeit auflehnten, in den 60er Jahren die „moralisch-politische Auflehnung" gegen den Staat und für mehr Freiheit, in den 70er Jahren die Punks und ihre Provokationen und das Streben nach Revolution oder in den 80er Jahren die Wohlstandsjugendlichen, die sich von MTV und Glam-Rock in die materialistische Konsumwelt verführen ließen, so ist es in den 90er Jahren die Technobewegung. Das Besondere ist, dass es in allen vorherigen Jugendbewegungen um Protest, Provokation und Revolution ging, auch wenn dies oftmals nur an der Spitze der Bewegung proklamiert wurde. Dies ist in den 90er Jahren nicht mehr der Fall. Ein Beispiel hierfür sind die Studentenproteste Ende letzten Jahres, die ohne Folgen im Sand verlaufen sind. Ein Protest, der niemandem weh getan hat.

3.1 Die Entwicklung der 90er Jahre

Zu Beginn der 90er Jahre machte sich unter den Jugendlichen ein Realismus breit, der vor allem in Amerika Hunderttausende von Jugendlichen angesteckt hat, die sogenannte „Generation X"[133]. In Deutschland konnte sich diese Bewegung nie durchsetzen, auch wenn dies von den Medien immer wieder behauptet wurde. Die Rezession der Wirtschaft mit der Folge der Arbeitslosigkeit, die Orientierungslosigkeit der Politiker, der Wertepluralismus, die Tatsache, dass 50% der Jugendlichen aus Scheidungsfamilien kommen und vieles mehr, führte zu

---

[133] Diese Bezeichnung wurde erstmals vom kanadischen Autor Douglas Coupland in seinem gleichnamigen Buch für die Jugend Amerikas gebraucht.

einer großen Verunsicherung der Jugendlichen in Deutschland. Dazu kommt, dass an der Spitze der Jugendkultur in Deutschland die „Technobewegung"[134] steht, die sich durch ihre extreme Kleidung, Musik, Drogen und ihre gesamte Lebensauffassung gut vermarkten lässt. Zu dieser Bewegung bekennen sich 34% der deutschen Jugendlichen,[135] das sind über 4 Millionen Jugendliche plus eine große kommerzialisierte Mitläuferschaft, die die vorgegebenen Trends in abgeschwächter Form übernehmen. Techno der 90er Jahre ist von einem Realismus bestimmt, der all diese ideologischen Träumereien als Lebenslügen ansieht. Techno verspricht nichts. Für Technogeneration ist die Gegenwart die beste Zukunft. Techno ist tautologisch. Die „Macher" von Techno haben erkannt, dass es unmöglich ist, in der heutigen Gesellschaft noch Versprechungen zu machen, denn selbst die Naivsten wissen, dass man sie nicht halten kann (abschreckendes Beispiel sind häufig Politiker). Es geht nicht mehr, wie in früheren Generationen darum, dass es „unsere Kinder mal besser haben", man muss für das Lebensgefühl der heutigen Jugendlichen keine Opfer mehr bringen, man braucht keine Visionen, keinen Anspruch, man lässt sich einfach mitnehmen, abholen und für einen Moment aus dem Alltag entführen. Dabei darf man nicht den Fehler machen und sagen, dass Großteile der Jugendbewegung politisch uninformiert wären oder an der gesellschaftlichen Entwicklung unseres Landes kein Interesse

---

[134] Wenn im weiteren Verlauf von Techno gesprochen wird, so geht es nicht um die extreme Spitze der Technobewegung, die in Nonnenkostümen ecstasyberauscht auf 24stündigen Raves abhängen, sondern um die Masse von breiten Konsumenten, die auf normalen Technopartys samstagabends mit Freunden den Alltag vergessen wollen. Es gibt keine einheitliche Technobewegung, sondern viele verschiedene individuelle Stile und Subkulturen, die zusammen den „Mainstream der 90er" Jahre bilden.

[135] Vgl. Jugend '97, a.a.O., 370.

171

hätten. Das Gegenteil ist der Fall, nie war die politische und gesellschaftliche Bildung in Deutschland so hoch wie in den 90er Jahren. Der Unterschied ist, dass sich die Jugendlichen nicht mehr aktiv beteiligen. Viele Jugendlichen haben den Status des kritischen Beobachters. Sie sind nicht unkritisch, sondern wollen keinen Streit; Protest wird einfach draußenge-lassen.

3.2 Das Leben wird immer komplexer

Jugendliche wachsen in einer Umgebung der Optionen auf. Sie haben mehr Wahlmöglichkeiten als irgendeine Generation vor ihnen. Niemals zuvor in der Geschichte gab es so viele verschiedene Trends, eine so große Vielfalt an Angeboten, aus denen die Jugend auswählen kann, sogar muss. Nie gab es so viel Subkulturen und einen so unbeständigen „Mainstre-am" wie in den 90er Jahren. Weder in den 70er noch in den 80er Jahren gab es eine solche Flut von verschiedenen Strö-mungen und nie zuvor waren diese Strömungen so schnelle-big und unbeständig wie heute. Niemals waren die Jugendli-chen so hin- und hergerissen in ihren Entscheidungen wie in den 90er Jahren. Es wird ihnen nichts mehr vorgegeben, es ergeben sich selten Dinge zwangsläufig wie beispielsweise die Schule. Fast überall haben die Jugendlichen die Freiheit, unter vielen verschiedenen Möglichkeiten auszuwählen. Die Medien werben mit schillernden Bildern und ansprechenden Texten für die besten Lebenserleichterungen und unterstützen jeden Trend, der nur annähernd verspricht, Profit abzuwerfen. Gab es früher drei Fernsehprogramme, gibt es heute bis zu 48! Gab es früher zwei oder drei Jugendmagazine, so gibt es heute für jede Subkultur gleich mehrere, wie z. B. Fan tastic, Hit!, Hit! Spezial, Hot!, Frontpage, Popcorn, Poprocky, Poster: das Postermagazin, Visions: Musik für die 90er, Pop Heroes, Pop Heroes Spezial, Chart Boyz, Chart Girls, Chart Giants,

Pop: Rivalen, Xtreme, Verbotene Liebe Magazin, Marienhof Magazin etc. Was soll ich anziehen? Eine banale Frage, die beim heutigen „Markenkult" für viele Jugendliche zur Identitätsfrage wird. Was ist gerade im Trend? Welches Computerspiel ist im Moment „in"? Was für CDs sind in den Charts? Welche Berufe haben Zukunft? Wie kann ich in all diesen verschiedenen Trends, Strömumgen und Angeboten meine eigene Identität finden?

Diese und viele andere Fragen kommen zur normalen Entwicklung der Jugendlichen hinzu[136] und machen das Leben für Jugendliche immer komplexer und zwar in allen Lebensbereichen. Komplexität wird zu einem Gefühl, man kann sogar sagen zu einem Lebensgefühl. Man spricht in diesem Zusammenhang auch von der „Kultur der Wahl". Es gibt eine Unmenge neuer Trends und Erscheinungsformen, die entdeckt und ausprobiert werden müssen. Jeder Jugendliche hat heute mehr Optionen, die er wahrnehmen kann, als irgendwelche Jugendliche vor ihm. Es wird immer schwerer, die eigene Identität zu finden und Verantwortung zu übernehmen. Dieser Konflikt, den die Jugendlichen erleben, ist für viele Erwachsene nicht nachvollziehbar. Für viele Erwachsene ist die komplexe Lebenswelt der Jugendlichen nicht fassbar. Sie können die damit verbunden Konflikte in keinster Weise verstehen und sehen nur das Positive, nämlich die Wahlmöglichkeit, die sie nie hatten. Die Eltern, geprägt in ihrer eigenen Jugend von der Wirtschaftswunderzeit, leistungs- und erfolgsorientiert, wollen ihren Kindern helfen. Doch diese wollen keine Hilfe. Im Ge-

---

[136] Dazu gehören: Das zentrale Problem der Selbstfindung, die Ablösung von den Eltern, die kognitive Weiterentwicklung und Integration von Werten, der Abschluss von Schul- und Berufsausbildung und die Aufnahme und Unterhaltung zum anderen Geschlecht. Vgl. W. Gernert, Jugendhilfe, UTB Wissenschaft (München: E. Reinhardt Verlag, 1993) 33.

genteil, die Jugend macht die vorherige Generation für den ökologischen und ökonomischen Zustand unseres Landes verantwortlich. Und viele Jugendliche sind nicht bereit, sich zu engagieren, wenn es darum geht, den „Karren wieder aus dem Dreck zu ziehen". Jugendliche sind hervorragende Beobachter, sie sehen die zerstörten Ehen ihrer Eltern, die Staatsverschuldung, die Umweltverschmutzung, die Unehrlichkeit vieler öffentlicher Personen und vieles mehr. Viele Jugendliche fühlen sich von der Generation ihrer Eltern missverstanden und viele Eltern geben ihren Kindern gute Ratschläge und verstehen nicht, warum ihre Kinder sich gegen diese vehement zur Wehr setzen. Dieser Generationskonflikt des gegenseitigen „Nicht Verstehens" geht durch fast alle gesellschaftlichen Institutionen, angefangen bei der Familie, über Schule, Arbeitsplatz bis hin zu Kirchen und Vereinen.

3.3 Jugendliche zwischen Anspruch und Moral
Jugendliche sehen sich selbst in einer Maschinerie, aus der es zum Teil kaum ein Entrinnen mehr gibt. Nicht nur, dass die Wahlmöglichkeiten fast unbegrenzt sind, viele Wahlmöglichkeiten sind auf dem zweiten Blick gar nicht so offen, wie dies von der Öffentlichkeit proklamiert wird. Dies zeigt das Beispiel Arbeitsplatz. Den Jugendlichen wird suggestiert, dass ihnen alle Arbeitsplätze offen stehen, dies ist aber in keinster Weise so. Die Einstellung geht immer noch nach sozialer Herkunft, Leistungsnachweis und Bildungsstand. Dazu kommen die Zukunftsperspektiven, die manche Arbeitsplätze haben oder auch nicht. Die Kriterien engen die Wahlmöglichkeiten bis zu ein Minimum ein. „Aber" und „Problem" sind die Keyworte der Alltagskultur vieler Jugendlicher geworden.[137] Die Jugend

---

[137] Horx, *Das Zukunftsmanifest*, 53.

174

wächst in einer sehr großen Spannung auf. Auf der einen Seite wird ihnen gesagt, dass es noch nie soviel Möglichkeiten gab sich zu entwickeln, noch nie hatten Jugendliche so viel Geld zur Verfügung, noch nie waren sie so gut informiert wie in den 90er Jahren. Auf der anderen Seite hat die Sache ein „aber", einen Haken, einen „Zeigefinger" der sagt: „Entwickle deine Begabungen, aber denk an den Arbeitsplatz. Konsumiere, aber denk an die Umwelt. Lebe deine Sexualität, aber denke an Aids. Tu was du willst, aber denk dran!"

Viele Jugendliche versuchen aus diesem Kreislauf herauszubrechen. Sie wollen und müssen lernen, mit ihrer Freiheit und ihrer Verantwortung (die übrigens keiner gerne wahrnimmt) umzugehen. „Das so wichtige Element der individuellen Freiheit bekommt angesichts der Zunahme an Wahlmöglichkeiten einen völlig neuen Sinn: Freiheitsspielräume werden zu absoluten Freiheiten und diese werden in gerade zu dialektischer Umkehr nicht mehr als Freiheit im traditionellen Sinn empfunden." [138] Dies ist ein wichtiger Punkt, denn wenn die Jugendlichen ihre eigentliche Freiheit, die sie haben, nicht mehr als diese nutzen und verstehen, fehlt ihnen die Freiheit, die sie eigentlich brauchen und sie fühlen sich beengt und eingeschränkt. Dies wird aber kaum ein Erwachsener nachempfinden können. Vor allem, wenn es um scheinbar banale Fragen des Alltags geht.

3.4 Auf der Suche nach Unabhängigkeit & Bindung
Viele Jugendliche wollen nicht mehr aktiv am gesellschaftlichen Leben teilnehmen, sondern sie bilden durch ihre große Unabhängigkeit ihre eigene Szene, in der sie sich frei bewegen können. Auf der einen Seite streben Jugendliche nach

---

[138] B. Schäfers, *Soziologie des Jugendalters* (Opladen: Leske & Budrich, 1994),122.

Unabhängigkeit und Freiheit, auf der anderen Seite suchen sie im komplexen Alltag der Optionen Halt und Orientierung. Letzteres zeigt sich vor allem in den wiedergewonnenen Werten wie Liebe, Treue, Familie oder Freundschaft. In diesen beziehungsorientierten Werten suchen Jugendliche ganz individuell ihren persönlichen Halt. Es gibt kaum noch gesellschaftliche Vorbilder für die Jugendlichen, sie haben den Glauben an institutionelle Organisationen fast ganz verloren. Alle Hoffnungen ruhen auf der eigenen Person und dem allerengsten Freundeskreis. Andererseits wollen Jugendliche ihre Freiheit und Unabhängigkeit nicht verlieren. Wenn nach den Eigenschaften und Verhaltensweisen von Menschen gefragt wird, stehen die eigenen Interessen klar im Vordergrund. In erster Linie geht es um mich und meine eigene Lebenswelt. Noch deutlicher wird das Streben nach Unabhängigkeit, wenn nach den Motiven für ein eigenes Engagement gefragt wird. Dies zeigt eine Umfrage von der Deutschen Shell-Studie: [139]

Motive zum Engagement deutscher Jugendliche: [140]
- muss Spaß machen
- muss ich jederzeit wieder aufhören können
- muss ich mitbestimmen, was ich genau tue
- will ich meine besonderen Fähigkeiten einbringen können

Diese scheinbare Ambivalenz ist typisch für einen großen Teil der Jugendlichen in Deutschland. Man möchte ein Recht auf Selbstbestimmung und verabscheut moralische Fremdbe-

---

[139] Jugendwerk der Deutschen Shell (Hg.), *Jugend ´97. Zukunfts-perspektiven, gesellschaftliches Engagement, politische Orientierung*, 12. Shell Jugendstudie (Opladen: Leske + Budrich, 1997),299.

[140] Ebd., 325.

stimmung, man sucht seine eigene Freiheit und sucht gleichzeitig einen engen verbindlichen Freundeskreis, dem man vertrauen kann. Auf der einen Seite möchten sich Jugendliche ungern über einen festen Zeitraum binden und festlegen, weil es sie zu sehr festlegen würde, sie wären zu sehr von anderen abhängig, auf der anderen Seite suchen Jugendliche feste Bindungen, die ihnen Orientierung und Sicherheit geben. In einer Lebenswelt, in der man sich auf fast nichts mehr verlassen kann, nicht auf einen Arbeitsplatz, nicht auf die Beziehung zu seinen Eltern, nicht die Freizeitgestaltung, nicht die Politiker, ja nicht einmal auf Nahrungsmittel, von denen unser Leben abhängt, in solch einer Lebenswelt verlassen sich viele Jugendliche nur noch auf sich selber. Sie selbst bestimmen, wem sie vertauen können und wollen, sie selber bestimmen über ihr Engagement und über ihre Freizeitgestaltung, sie wollen sich ihre eigene Unabhängigkeit behalten und sich trotzdem an die binden, die es ihnen wert sind. Geprägt werden die Jugendlichen in ihrem Verhalten und bei ihren Entscheidungen durch die gesellschaftlichen Werte und Ordnungen. Es ist auffallend, dass der Wunsch nach Bindung, Freundschaft etc. parallel an Bedeutung gewinnt, als dass die gesellschaftliche Kälte zunimmt.

3.5 Gesellschaftliche Kälte und die Suche nach Geborgenheit
Die wirtschaftliche Lage in Deutschland ist seit geraumer Zeit sehr angespannt. Arbeitsplätze werden wegen der höheren technischen Effizienz durch computergesteuerte Maschinen ersetzt, die weder Pausen noch Urlaub brauchen, die in keiner lästigen Gewerkschaft sind und die immer präzise arbeiten. Diejenigen Firmen in Deutschland, die 1997 die höchsten Gewinne erzielten, sind zugleich die Firmen, die die meisten Arbeitsplätze abgebaut haben. Der „Kampf" um Arbeitsplätze ist voll entbrannt. Leistung, Leistung, Leistung - nichts anderes

177

zählt. Niemand kann sich eine Blöße oder Schwäche erlauben - fast 5 Millionen Arbeitslose warten auf einen freiwerdenden Job.

Aber nicht nur auf dem Arbeitsmarkt setzen sich Computer und Hightech durch, sondern auch im ganz gewöhnliche Alltag. Versuchen die älteren Generationen den technischen „Eilzug" der Entwicklung einzuholen, so sitzen die Jüngeren mittendrin. Aufgewachsen mit Computerspielen, Video, Kreditkarten, Homebanking, Gameboy, Satellitenschüssel oder Kabelfernsehen, Internet und Cyperspace, lernen sie mühelos und spielerisch den Umgang mit dem technischen Fortschritt. Keine Frage, diese Entwicklung bringt enorme Erleichterungen und Verbesserungen für die Arbeits- und Freizeitgestaltung. Doch in unserer hochtechnisierten Welt bleibt eines auf der Strecke: der Mensch mit all seinen Gefühlen. Es gibt kaum noch die Möglichkeit Mitleid zu zeigen in unserer Ellenbogengesellschaft. Gefühle sind ein Zeichen von Schwäche und oftmals unerwünscht. Wer nicht mitzieht, verliert. Die technische Revolution frisst ihre Kinder.

3.6 Ängste, Probleme & Generationskonflikte
Jugendliche befinden sich in einer schwierige Situation, dazu kommen Generationskonflikte zwischen der Elterngeneration und den Jugendlichen, die in einem ganz anderen gesellschaftlichen Umfeld aufwachsen. Als Beispiel sei nur die Familie erwähnt: 1957 gab es 46 Tausend Scheidungen 1996 176 Tausend (1996: 148782 Scheidungskinder; 2279000 Alleinerziehende Mütter in Deutschland).

Statistiken:
Zukunft: Probleme & Ängste
Was ist *das größte* Problem für Jugendliche in der Gesellschaft:

Arbeitslosigkeit: 18-21jährige: 58,5%
22-24jährigen: 62,5%
12-14jährigen: 18%
Als großes Problem sehen es 92% aller Jugendlichen!
Als weitere Probleme kommen danach:
Drogenprobleme
Probleme mit Personen um einen herum
Lehrstellenmangel
Schul- und Ausbildungsprobleme
Zukunftsperspektiven

Was hier wirklich deutlich wird, ist, dass alle Probleme mit den Leuten existentiell zusammenhängen, erst viel später kommen Umweltschutz oder Konsumverhalten.
Trotz dieser Probleme und Ängste sehen 53% der Jugendlichen die Zukunft optimistisch und 47% eher düster. Dabei ist wieder ein Trend festzustellen: Je jünger die Jugendlichen sind, desto optimistischer blicken sie in die Zukunft.
Politik & Institutionen:
47% der Jugendlichen haben Interesse an Politik und kennen sich in der politischen Landschaft gut aus. (Auch hier ein starkes Altersgefälle: 12-14J. 16%, 22-24J 57%). Wenn es allerdings um das Vertrauen der Jugendlichen in Politiker geht, sieht es wiederum sehr schlecht aus:

In weche Gruppe/Organisation haben sie kein Vertrauen:
politische Parteien: 52,8%
Bundesregierung: 51,5%
Kirchen: 51,2%
Bundestag: 49,7%

Das größte Vertrauen haben Jugendlichen in Umweltorganisationen und Menschenrechtsgruppen.

Man kann nicht von einer Politikverdrossenheit der Jugendlichen sprechen, sondern die Jugendlichen unterstellen den Erwachsenen und Politikern, dass sie nicht an ihnen interessiert sind. Also nicht Politikverdrossenheit der Jugend, sondern die Jugendverdrossenheit der Politik wird angemahnt.

Lebensziel:

Guter Beruf / interessante Arbeit 88,7%

Finanziell abgesichert sein 89,2%

Partnerschaft, die mich ausfüllt 84,1%

Familie und Kinder 77,1%

Mit anderen in Harmonie leben 76%

Fester Halt im Glauben 31,1%

Auch die Lebensziele zeigen eine große „Ich-Bezogenheit" der Jugendlichen auf. Aber sie zeigen auch die Spannung zwischen der Suche nach Unabhängigkeit auf der einen Seite und der Suche nach Geborgenheit und Emotionalität auf der anderen Seite. Auch hier sehen wir wieder eine typische Ambivalenz der Jugendlichen.

B: Chancen und Möglichkeiten für die Jugendarbeit

Es scheint mir wichtig, dass man Jugendliche als Gesamtpersönlichkeiten sieht. Es geht nicht nur um ihre Bekehrung oder um geistlichen Wachstum, sondern um eine ganzheitliche Sicht der Jugendlichen mit Geist, Körper und Seele. Das bedeutet, dass sie lernen sollen, Christus in ihren Alltag mit hineinzubeziehen, in ihren Freundeskreis, in ihre Schulklasse, in die Familie, etc. Christus ist bei allem dabei, er gehört dazu und er bestimmt unser Denken und Handeln. Soziales Verhalten soll genauso eingeübt werden wie ein körperlicher Ausgleich. Mir ist bewusst, dass diese Worte fast ein wenig idealistisch klingen und trotzdem sind sie mir sehr wichtig. Denn nur, wenn wir den ganzen Menschen sehen, können wir ihn auch erreichen und Christus ihn verändern. Ich glaube nicht, dass es in unseren Jugendkreisen daran mangelt, dass wir zu wenig geistliches Programm bieten, sondern, daran dass wir dieses geistliche Programm nicht in das Leben der Jugendlichen transportieren können. Das es oftmals zu abstrakt und fromm-traditionell ist. Bevor wir Jugendliche erreichen können, müssen wir sie verstehen. Im Folgenden geht es mir vor allem darum, die im ersten Teil beschriebenen Erkenntnisse in die Praxis der Jugendarbeit umzusetzen.

1. „Himmel" und „Erde" in der Jugendarbeit

In vielen Gemeinden, in denen ich Teenager- und Jugendmitarbeiterschulungen durchgeführt habe, gab es Diskussionen und Missverständnisse, da zwei grundlegende Dinge miteinander verwechselt wurden, die die Rahmenbedingen einer Jugendarbeit ausmachen. Zum einen haben wir für die Jugendarbeit einen Auftrag von Gott, den „Himmel" sozusagen, den wir an den Jugendlichen ausführen. Dieser Auftrag, den Jugendlichen Gott und sein Wort näher zu bringen, ist unveränderlich und eine feste Konstante in der Jugendarbeit. Dieser Auftrag ist auch durch die vergangenen Jahrhunderte gleich geblieben und wird auch in Zukunft unveränderlich sein. Das Gegenstück dazu ist die „Erde", die Lebenswelt der Jugendlichen. Sie ist verschiedenen gesellschaftlichen und sozialen Veränderungen unterworfen, sodass wir in der Teeniearbeit immer wieder neu auf diese veränderte Lebenswelt reagieren müssen.

Diese beiden, nicht zu verwechselnden Punkte, bilden die Rahmenbedingungen innerhalb einer Teeniearbeit. Zwischen diesen Punkten befinden sich verschiedene Konzeptansätze, pädagogische und didaktische Modelle, Stundenentwürfe, Beziehungen und alles, was sonst noch zu einer Jugendarbeit gehört. (Vergleiche Schaubild)

1.1 „Himmel" oder auftragsbestimmte Jugendarbeit

Gott hat uns einen Auftrag für Jugendarbeit gegeben. Schon im Alten Testament spielt die Weitergabe des mit Gott Erlebten eine wichtige und zentrale Rolle. Eltern sollen ihre Erfahrungen an ihre Kinder weitergeben, Ältere an Jüngere:

Und diese Worte, die ich dir heute gebiete, sollst du zu Herzen nehmen und sollst sie deinen Kindern einschärfen und davon reden, wenn du in deinem Hause sitzt oder unterwegs bist, wenn du dich niederlegst oder aufstehst.[141]

Daran hat sich im Laufe der Jahre nichts geändert (Psalm 78, 3-6) bis hin ins Neue Testament bei Jesus (Mt 28, 18-20) und Paulus (Eph 6,4). Besonders Paulus hat immer wieder junge Leute herangeführt und sie gefördert und unterstützt, wie zum Beispiel Titus oder Timotheus:

Was ich Dir vor vielen Zeugen als die Lehre unseres Glaubens übergeben habe, das gib in derselben Weise an zuverlässige Männer weiter, die imstande sind, es anderen zu vermitteln.[142]

Dazu kommt, dass Gott selbst Jugendliche und Kinder ernst genommen hat und sie für seinen Dienst gebraucht hat, wie beispielsweise David, Samuel, Jeremia, die Sklavin von Naeman, Mirijam, Josua. Dafür spricht auch der Umgang Jesu mit Kindern. Das Entscheidende daran waren nicht die Personen selber, sondern dass Gott sie berufen hat. Er hat sie ausge-

---

[141] 5. Mose, 6, 6-7

[142] 2. Tim 2,2

wählt und befähigt, ihre Gaben genutzt, ihnen neue Fähigkeiten gegeben, ihnen Partner und Helfer an die Seite gestellt!

Wenn wir Jugendarbeit machen wollen, können wir dies nur aus der Kraft Gottes heraus tun! Dies ist der zentrale Punkt, der vor jeder Methode, jeder Idee, jeder Zielgruppe, jedem Programm steht!

Hört sich logisch an, und wird doch im Vollzug, im Alltag der Jugendarbeit, oftmals vergessen. Es gibt immer verschiedene Phasen und Trends, z.B. zielorientierte Jugendarbeit, raumorientierte Jugendarbeit, etc. Das ist auch alles richtig und hat seine Berechtigung, wenn der Auftrag *über* allem und vor allem *im* Zentrum steht! Das ist die Hauptaufgabe der Leiterschaft, dass dies immer wieder neu in die Köpfe und Herzen der Mitarbeiter gepflanzt wird.

Alles richtet sich dann auf diesen Auftrag aus, in dessen Zentrum zwei Dinge stehen:

Gott und seinen Nächsten lieben (Mt 22,37-38)

Missionsbefehl (Mt 28, 18-20)

Darin wird der Auftrag Gottes sehr deutlich, daran müssen wir uns ausrichten, wenn wir mit Jugendlichen arbeiten wollen. Wenn wir von diesem Auftrag her kommen, werden alle anderen Aktivitäten eine untergeordnete Rolle spielen. Dabei ist wichtig, dass man sich in seiner Jugendarbeit nicht verzettelt und nicht zu viel auf einmal will. Einige sehr einfache grundlegende Fragen können einem helfen und hinterfragen, ob man seinen Auftrag als Jugendmitarbeiter noch nachkommt:

Was wollen wir?

Warum existieren wir?

Wen wollen wir erreichen?

Wie wollen wir das erreichen?

Welche Möglichkeiten haben wir?

Wie sieht unsere Situation vor Ort aus?

1.2 „Erde" – oder die Lebenswelt von Jugendlichen
Neben dem Auftrag für unsere Jugendarbeit besteht die zweite große Orientierungshilfe aus der „Erde", der Lebenswelt der Jugendlichen. Hier haben wir es mit einer sich ständig verändernden Wirklichkeit zu tun, die sehr stark von unserer Gesellschaft abhängt. Teenager wachsen in einem bestimmten sozialen Umfeld auf, werden von Eltern, Freunden, Schule, etc. geprägt und werden so zu einem einzigartigen Individuum. Dessen muss man sich als Mitarbeiter bewusst sein, kein Jugendlicher ist dem anderen gleich, jeder hat andere Stärken und Schwächen und das macht Jugendarbeit auch so interessant. All diese Prägungen, Stärken und Schwächen sind noch nicht völlig entwickelt, sondern lassen sich noch beeinflussen. Das heißt, dass die Mitarbeiter eine riesige Chance haben, aber auch eine große Verantwortung!

Jugendliche sind so, wie sie sind. Ein logischer Satz, mit dem viele älteren Personen doch ihre liebe Mühe haben! Die Generation an Teenagern in Deutschland ist nicht einfach so vom Himmel gefallen, sondern ist eine konsequente Weiterentwicklung der Jugendbewegung Anfang der 90er Jahre und ein Spiegelbild unserer gesellschaftlichen Entwicklung in den letzten paar Jahren. Dessen müssen wir uns einfach bewusst sein. Deshalb ist es wichtig, die Lebenswelt (Erde) unserer Jugendlichen zu kennen. Dies wurde im ersten Teil ja schon versucht zu beschreiben.

2. Bedürfnisorientiert arbeiten
2.1 Den Jugendlichen auf den „Mund" schauen
Als Christen stehen wir in der Spannung zwischen Tradition und neuen Wegen. Dabei geht es nicht um den Inhalt des verkündigten Wort Gottes, sondern um die Frage der „zeitgemäßen" Form der Jugendarbeit. Außerdem stellt sich die Frage, ob wir etwas von der aktuellen Jugendkultur lernen können.

Vielleicht kann das Wissen über Computer ausgenutzt werden und eine eigene „Homepage" im Internet gestaltet werden, vielleicht kann man spezielle Musikabende mit Techno oder Alternativmusik gestalten oder man bietet einen mehr ruhigen spirituell-meditativen Abend an.

Es geht nicht darum, auf Biegen und Brechen das „Alte und Bewährte" zu verwerfen und durch neue, im Trend liegende Dinge, zu ersetzen, sondern zu fragen: "Was spricht Jugendliche heute an?" Auch gilt zu fragen, wo die Interessen der Zielgruppe sind. In einer pluralistischen Gesellschaft lassen sich nicht alle Jugendliche auf dieselbe Art und Weise ansprechen. Oftmals geht es nicht um große Änderungen, sondern nur um Kleinigkeiten, die aber vielen im Weg stehen. Wichtig ist, dass eine Zielgruppe herausgesucht wird. Wenn man alle Jugendlichen einer Stadt erreichen möchte (das Anliegen ist ehrenwert), erreicht man oftmals niemanden. Wenn man eine bestimmte Zielgruppe vor Augen hat und das Konzept auf diese eine Zielgruppe ausrichtet, sind die Chancen höher, jemanden zu erreichen. Die Mitarbeiter müssen sich mit dem Konzept der Jugendarbeit identifizieren können. Wenn nur eine gutgemachte „Show" präsentiert wird, werden die jugendlichen Gäste bald dahinterschauen und der „Erfolg" wird ausbleiben.

2.2 Jugendliche ernst nehmen

Ein wichtiger Punkt innerhalb der Jugendarbeit ist, dass die Mitarbeiter die Bedürfnisse der Jugendlichen ernst nehmen. Sowohl ihre Ängste, Zweifel, Fragen als auch ihre Freuden und Erfolge. Hier geht es um eine Grundeinstellung und um die Frage, ob man innerhalb der Jugendarbeit auf die Bedürfnisse der Jugendlichen eingeht. Dies heißt nicht, dass man den Jugendlichen alle Wünsche von den Augen abliest und sie ihnen zu erfüllen versuchen, sondern dass man auf die Grundbedürfnisse der Jugendlichen eingeht. Mitarbeiter sollten sich Gedanken über ihre bestehende Jugendgruppe machen und über ihre Zielgruppe. Was wollen wir erreichen? Wo liegen die Defizite der Jugendliche? Wie können wir diese ausgleichen und die Jugendlichen ansprechen? Probleme müssen thematisiert und nicht tabuisiert werden. Konkret bedeutet dies beispielsweise, dass Jugendliche in die Jugendabende integriert werden, das heißt, dass sie Abende mitgestalten können und nicht nur die Rolle eines passiven Konsumenten einnehmen. Wenn Jugendliche Probleme mit ihrer nicht auslebbaren Emotionalität haben, sollten Jugendabende in einer positiven Art und Weise dem entgegenwirken. Vielleicht müssen mehr interaktive Elemente in den Jugendabend eingebaut werden, um verschiedene biblische Wahrheiten so zu vermitteln, dass es die Jugendlichen verstehen und sich angesprochen fühlen. Ein wichtiges Element dabei ist das subjektive Erleben der Jugendlichen. Dass man nicht nur über Vergebung spricht, dies rational erklärt, sondern sich gegenseitig Vergebung zuspricht, Zettel (auf denen jeder etwas persönlich aufschreiben kann) nach vorne bringt und an ein Kreuz heftet oder diese in einer Schale verbrennen kann. Solche oder ähnliche meditativen Übertragungen sind für viele Jugendlichen eine Hilfe und sprechen das persönliche Defizit an Gefühlen an.

Neben der persönlichen Begegnung gilt es, die Themenfelder aufzugreifen, die den Jugendlichen in seiner Existenz betreffen und ihn herausfordern, über sich, die Gesellschaft und Gott nachzudenken. Solche Themenfelder können z.B. folgende sein:[143]

- Der Generationskonflikt „Gibt es überhaupt noch Gemeinsamkeiten?"

---

[143] Vgl. Just do it, „Seminar für Jugendarbeit", 1995, Lebenszentrum Adelshofen.

- Die Identitätsfindung   „Umgang mit Autorität, Identität und Ordnungen unserer Zeit."
- Der Orientierungskonflikt „Wo gibt es noch Fixpunkte?"
- Das Sozialisationsdefizit „Egozentrik und die neuen Grenzen?"
- Der sexuelle Reifungsprozess   „Dr. Sommer sagt...."

Die Jugendlichen müssen lernen, was es heißt, Verantwortung zu übernehmen und die Folgen ihres Handelns selbst zu tragen. Die Bibel muss in das Leben der Jugendlichen „übersetzt" werden. Es sollten Vergleiche gezogen werden, was als Grundlage des Lebens besser dient, die Bibel oder die gesellschaftlichen Werte? Stärken und Schwächen des christlichen Lebens können offen diskutiert werden, damit kein „Heile-Welt-Glaube" vorgetäuscht wird.

Es ist wichtig, dass die Jugendlichen in der Jugendarbeit Orientierungspunkte finden, auch wenn sie nicht mit allem einverstanden sind oder nicht alles sofort übernehmen. Der Jugendliche der 90er Jahre hat mehr Wissen zur Verfügung als je zuvor, alles wird miteinander verglichen. Im Endeffekt wird das Beständige und Echte bestehen bleiben.

3. Beziehungsorientiert arbeiten

3.1 Gemeinsam statt einsam

Der junge Mensch heute ist vor allem beziehungsorientiert. So sind 79% aller Jugendlichen (je jünger, desto höher) in einer oder mehreren Szenen/Cliquen/Interessengruppen.[144] Dabei geht es bei dem Begriff Szene weder um Querdenkerei oder Untergrund, wie es in den 70er Jahren oftmals war, sondern

---

[144] *Jugend '97: Zukunftsperspektiven, gesellschaftliches Engagement, politische Orientierung*, Hg. vom Jugendwerk der Deutschen Shell (Opladen: Leske + Budrich 1997), 369.

Szenen sind und entstehen überall da, wo Menschen freiwillig gemeinsame Interessen Wertvorstellungen oder Freizeitaktivitäten entwickeln oder einfach nur den gleichen Konsumartikel schön finden. Ein Freund von mir sammelt Steifftiere. Jeden Sonntag geht er auf Steifftierbörsen, bei denen er oftmals mit denselben Leuten zusammenkommt. Man trifft sich, tauscht, sammelt und unterhält sich über das Neuste aus der Steifftierwelt.

Interessant ist dabei, dass Vereine mit Mannschaftssportarten einen Rückgang verzeichnen und Individualsportarten (wie Squash oder Badminton), sowie freiwillige Interessengruppen großen Zulauf haben. 52% der Leute, die in einer Szene sind, treffen sich regelmäßig mindestens einmal pro Woche. So geben 93% aller Jugendlichen an, dass ihre häufigste Freizeitbeschäftigung „sich mit Freunden treffen" sei.[145]

3.2 Beziehungen aufbauen

Es geht darum, Möglichkeiten zu geben, dass sich Jugendliche einfach treffen können, einfach dasein können. Raum geben! Mit den Jugendlichen da sein, Freund werden, Vertrauen aufbauen! Jugendabende sollen kommunikativ sein. Durch regelmäßige Begegnung wächst Vertrauen und es entstehen langsam Beziehungen, vielleicht sogar Freundschaften.

Solche oder ähnliche Situationen in ungezwungener und unverbindlicher Atmosphäre sind eine großartige Möglichkeit, Freundschaften mit Jugendlichen aufzubauen. Die perfekten Hochglanzjugendabende aus den 80er Jahren sind out, die moralischen Appelle vieler Jugendleiter stoßen auf taube Ohren. Die Zukunft der Jugendarbeit liegt in einem authentischen Lebensstil der Mitarbeiter, der offen und selbstverständlich nach außen gelebt wird. Der natürliche Kontakt zu Un-

---

[145] Ebd., 343.

gläubigen ist dabei von großer Bedeutung. Was für Hobbys habe ich? Was für Interessen? Wo gibt es Leute mit den gleichen Interessen? Vielleicht kann man was gemeinsam unternehmen. Viel zu viele Christen sind nur unter ihresgleichen und bilden eine eigene elitäre Szene, anstatt sich, je nach persönlichem Interesse, auf mehrere Szenen innerhalb der Stadt/Dorf zu verteilen. Dort kann man seinen eigenen Interesse nachgehen, trifft Gleichgesinnte und knüpft unweigerlich Kontakte. Die Kontakte können ausgebaut werden, Beziehungen und Freundschaften können entstehen. Dies ist keine taktische „Heidenfalle", das Interesse sollte ehrlich und echt sein. Jugendliche merken sehr schnell, ob man ihnen etwas vorspielt oder ob man es ehrlich mit ihnen meint und sie sehnen sich nach vertrauensvollen Personen, mit denen sie reden können.

4. Szenenorientierte Jugendarbeit

4.1 Hingehen, wo die Jugendlichen sind

Eine breite Übereinstimmung in der Jugendforschung[146] besteht in der wachsenden Bedeutung von Szenen im Alltag von Jugendlichen.[147] Die Szenen werden immer mehr zu einer überlebenswichtigen Selbsthilfereaktion in einer Erosion gesellschaftlicher Werte (vor allem innerhalb der Familie) und einer immer undifferenzierteren Jugendkultur. So bildet die Szene oftmals die kleinste Einheit von Jugendlichen, die eine Sache gemeinsam haben, an der sie sich gemeinsam orientie-

---

[146] Hier könnte man für Szenen genausogut den Begriff Cliquen einsetzen.

[147] Vgl. F. J. Krafeld, *Cliquen und Pädagogik*, Pädagogik mit Jugendlichen, hg. G. Brenner, B. Hafeneger (Weinheim, München: Juventa Verlag, 1996), 83-88.

ren und ausrichten. Diese Entwicklung gilt es zuerst einmal zu akzeptieren.

Nun gibt es in der christlichen Jugend meist keine Unterteilung in verschiedene Szenen, aber vielleicht kann man sagen, dass es unter den Jugendlichen eine Einteilung in verschiedene Interessengruppen gibt, die sich neben der christlichen Basis auf die unterschiedlichsten Gebiete verteilen, sei es nun das Interesse für Inlinescating, Theater, Technomusik, Squach, Computer, Hip-Hop, Kneipenabende etc. Hier besteht jetzt die große Möglichkeit, das schon vorhandene Interesse an einer bestimmten Musik oder Sportart zu nutzen, sich einer Szene anzuschließen und somit auf ganz natürliche Art und Weise Kontakte zu knüpfen. Die Grundlage dabei ist das gemeinsame Interesse an einer Sache. Es geht hier nicht darum, diese Interessenübereinstimmung als Mittel zum Zweck auszunutzen und die anderen als Missionsopfer zu sehen, sondern um das echte Interesse an der Sache und an den Menschen. Gott hat Begabungen, Interessen und Wünsche in uns Menschen hineingelegt und das ist zunächst etwas durchaus Positives, an dem wir uns auch erfreuen dürfen. Manchmal scheint es mir, als wenn all diese Dinge als „Götzen" dargestellt würden, die es zu bekämpfen gilt. Aber Gott kann genau diese persönlichen Eigenschaften und Wünsche gebrauchen.

4.2 Vorhandene Möglichkeiten nutzen

Wenn in einer Jugendgruppe mehrere Leute das gleiche Interesse haben, könnte vielleicht eine Szene entstehen mit anderen Leuten aus der Stadt/dem Dorf. Ein Raum kann gefunden werden, in dem man sich trifft und einem bestimmten Interesse und Aktivität nachgeht. So entsteht ganz natürlich eine Gruppe von Leuten, die ein Interesse haben - eine bunte Gruppe aus Christen und Nichtchristen. Das ist eine einmalige Chance, durch seinen Lebensstil auf Gott aufmerksam zu machen.

Dass dies im Grunde nichts Neues ist, zeigt die Bibel, wenn wir sehen, wie Jesus gelebt hat oder wie Paulus evangelisiert hat: den Juden ein Jude, den Griechen ein Grieche. Heute könnte dies heißen: den Skatern ein Skater und den Hip-Hoppern ein Hip-Hopper!

Zum Schluss einige zusammenfassende Thesen für eine szenenorientierte Jugendarbeit:[148]

Szenenorientierte Jugendarbeit versucht nicht, Jugendliche zu organisieren, sondern unterstützt den Selbstorganisationsprozess der Jugendlichen.

Szenenorientierte Jugendarbeit akzeptiert den natürlichen Abgrenzungsprozess einer Szene gegenüber anderen Jugendlichen.

Szenenorientierte Jugendarbeit versteht sich nicht als methodischer Trick, um Zugang zu Jugendlichen zu bekommen, sondern akzeptiert die Verhaltens- und Denkmuster der Szene.

Szenenorientierte Jugendarbeit findet in erster Linie dort statt, wo sich die Jugendlichen treffen und nicht dort, wo das Raumangebot der Gemeinde ist.

Szenenorientierte Jugendarbeit hat in erster Linie den Jugendlichen und das Interesse der Szene im Blickpunkt, dies sollte nicht nur akzeptiert, sondern auch unterstützt werden.

5. Raumorientierte Arbeit

Die Raumaneignung betrifft zum einen die innere, zum anderen die äußere Aneignung des Raumes. Innere Aneignung heißt: Es wird „ihr Raum". Die Jugendlichen identifizieren sich mit dem Raum. Äußere Aneignung heißt, dass diese Identifizierung durch äußere Gestaltung sichtbar wird. Jugendliche

---

[148] Ebd., 87-88.

haben die Möglichkeit, sich ihren eigenen Raum nach ihren Vorstellungen und nach ihrem Geschmack einzurichten; dem Raum zum Beispiel einen eigenen Namen zu geben. Dabei sollte man die Kreativität so weit wie möglich fördern und den Jugendlichen so viel Freiraum wie möglich lassen. Die Jugendlichen werden so gefördert, sich über die Gestaltung ihres Raumes Gedanken zu machen, sie müssen sich darüber einig werden, wie er eingerichtet werden soll, wo die Materialien herkommen und wie man das Besprochene in die Praxis umsetzt.

5.1 Der Jugendraum als Freiraum

Jugendräume bieten einen neuen Bezugsrahmen für Jugendliche. Die äußeren Bedingungen sind nicht automatisch alle vorgegeben, wie es die Jugendlichen von zu Hause oder der Schule her gewohnt sind. Es besteht ein Freiraum, über den selbst verfügt und der selbst gestaltet werden kann. Die Jugendlichen sind mit einbezogen in evtl. Programme oder Ereignisse, sie lernen zu planen, zu diskutieren, verschiedene Möglichkeiten abzuwägen und Entscheidungen zu treffen. Es entsteht ein ganz natürliches Gruppengefüge, in dem verschiedene Gaben und Charakter gefördert, aber auch in Frage gestellt werden.

5.2 Der Jugendraum als Treffpunkt

Der Jugendraum bietet die Möglichkeit, dass Jugendliche einfach nur dasein können - eine Oase, eine Art Fluchtpunkt aus dem oftmals anstrengenden Alltag der Jugendlichen. Hier können sie „abhängen" und über ihre Probleme austauschen und feststellen, dass andere vielleicht dieselben Probleme haben wie sie. Gerade diese Möglichkeit, dass der Raum eine Art Treffpunkt für Jugendliche ist, wo sie durchatmen können, ist in unserer schnelllebigen und anspruchsvollen Gesellschaft überaus wichtig - ein Raum, wo nicht laufend Ansprüche an sie gestellt werden.

Diese drei Punkte stellen kein Konzept für einen Jugendraum dar, sondern sollen nur auf die vielfältigen Vorteile und die Wichtigkeit eines Jugendraums hinweisen.

Gerade im christlichen Bereich sind große Möglichkeiten vorhanden, solche Jugendräume zu schaffen. Fast jede Gemeinde besitzt ein eigenes Gemeindehaus, in dem die Räumlichkeiten oftmals nicht richtig genutzt werden. Dazu kommt, dass viele Gemeindehäuser mehr Statussymbol statt Lebensmöglichkeit der Gemeinden sind. Hier gilt es, neu zu überlegen, wie vorhandene Räume genutzt werden können. Gerade bei der Gestaltung von Räumlichkeiten werden den Jugendlichen schnell Grenzen gesetzt. Dabei ist besonders die Aneignung von Räumen ein Schlüssel zu einer erfolgreichen Jugendarbeit. Es geht nicht in erster Linie um Programmgestaltung oder um besondere Aktionen, die in diesen Räumen stattfinden, sondern um den Raum an sich und die Möglichkeit, dass Jugendliche sich mit diesem Raum identifizieren. Der Jugendraum sollte den Jugendlichen den von ihnen oft vermissten Freiraum geben, um ihr vermehrtes Wissen und ihre Kreativität zu fördern.

6. Einblicke in die Praxis

Es ist mir klar, dass nicht überall die gleichen Voraussetzungen gegeben sind, dass die Situation in ländlichen Gebieten anders ist als in der Stadt. Aber es ist immer wieder wichtig, dass man sich mit

seiner Umgebung, seiner Zielgruppe und seiner Gemeinde auseinandersetzt und überhaupt mal feststellt, was man überhaupt will und wie man diese Ziele erreichen kann.

Zum Schluss möchte ich noch einen Einblick in meine Arbeit geben und zwar in den neu gegründeten Teenkreis. Die Basis für das Konzept habe ich den oben genannten Punkten entnommen und versucht, diese in die Praxis umzusetzen. In meiner Gemeinde[149] haben wir bemerkt, dass es einen großen Unterschied zwischen unseren Teenies und den Jugendlichen gibt und dass sich beide Gruppen nicht miteinander vertragen, weil sie völlig unterschiedliche Bedürfnisse haben. Also haben wir beschlossen, einen extra Teenkreis zu gründen, obwohl wir nur sechs Teenies im Alter von 13-16 Jahren haben. Zuerst wurde ein Konzept erarbeitet, dann fünf Mitarbeiter gesucht und drei Monate geschult. Danach wurde ein Raum für die Teenarbeit gesucht, gefunden und von den Teenies renoviert. Dann ging es los. Jeden Freitag um 18:00 beginnt der T.E.E. (Teens Eben Ezer), in dem sich die Teenies (mittlerweile 10-15 Leute) in ihrem Raum treffen. Dort können sie Musik hören, die sie selber mitbringen, sich unterhalten, Knabbersachen essen, spielen, etc. Die Mitarbeiter treffen sich parallel in einem anderen Raum zum Vorbereiten und Beten. Diese Stunde zur „freien Gestaltung" ist besonders wichtig, da hier die Teenies lernen, miteinander umzugehen. Sie müssen sich zum Beispiel einigen, wer seine CD zuerst und für wie lange in den CD-Player legen darf oder welche Spiele mit wem gespielt werden sollen. Ein weiterer wichtiger Pluspunkt für diese Zeit ist, dass die Teens einfach miteinander reden und „abhängen" können. Es gibt kaum noch Räume, in denen Teenager/Jugendliche einfach nur „sein" können, völlig ohne vorgegebenes Programm. Dort können sie über Schule, Eltern, Freunde, Musik, etc. reden, austauschen oder auch klagen. Um 19:00 kommen die Mitarbeiter in den Raum und klinken sich in die Gespräche mit ein. Um ca. 19:15 geht etwa das Programm los. Die Teenies haben sich Themen (sowohl biblische als auch säkulare), die sie angehen, ausgesucht und jeweils zwei Mitarbeiter bereiten sich auf diese Themen vor.

---

[149] Evangelische Gemeinde Eben Ezer, St. Georgen.

Allerdings wird das Thema am Teenabend zusammen mit allen oder auch in Gruppen -oder Partnerarbeit ausgearbeitet. Um ca. 20:15 wird wieder Musik angemacht, und es gehen wieder Spiele und Gespräche los, dazu gibt es Getränke und Knabbersachen. Diese Zeit ist die eigentlich wertvollste am Abend, da sich hier viele Gruppen bilden mit den Mitarbeitern, hier laufen viele Gespräche über das Thema des Abend oder andere Themen, die die Teens bewegen. Es gibt aber auch Möglichkeiten, mit Teenies alleine zu reden, was sehr wichtig ist. Um ca. 21:00 wird langsam aufgeräumt und sauber gemacht und um 21:30 ist der Teenkreis offiziell beendet. Jeden Sonntagnachmittag treffen sich Mitarbeiter und Teens um 14:00 bis ca. 18:00 zu sportlichen Aktivitäten (Basketball, Fußball, etc.), Ausflügen (Europapark, Klettern, Eisessen, Kegeln, etc.) oder Spielen (Brettspiele, etc.). Diese Zeit ist besonders wertvoll, da man hier die Teenies so richtig kennenlernt, auf sie eingehen und eine Beziehung zu ihnen aufbauen kann.

Dies ist nur ein kurzer Abriss unseres Teenkreises, der zur Zeit sehr erfolgreich läuft. Eines unserer Hauptziele ist, dass wir beziehungsorientiert arbeiten wollen, deshalb haben wir auch verhältnismäßig viele Mitarbeiter. Doch diese Investition lohnt sich.